一年じゅうかき氷の店
埜庵の20年

店主 石附浩太郎

一年じゅうかき氷の店
埜庵の20年

絶品シロップレシピつき

店主 石附浩太郎

はじめに

神奈川県・鵠沼海岸で一年じゅう、かき氷の店《埜庵《のあん》》を営んでいます。

書籍『かき氷屋 埜庵の12カ月』が出たのは、オープンして10年目の年。

あれから10年、店を大きくするチャンスはあったし、何回もお誘いを受けました。

でもそのたびに考えたのは、規模が大きくなることで、

いちばん大切な「つくり手の思い」が伝えにくくなるのでは、ということ。

頭のなかはいつも、店を大きくしたいという欲と

小さい店だからこそできることのせめぎ合いでした。

では、商いは順風満帆だったかといえば、コロナ禍でも大きな打撃を受けました。

もしあのとき欲望に負けていたら、この本が出ることはなかったでしょう。

この本を完成することができたのは、月並みですが、

埜庵をずっと支えてくださったお客さまのおかげです。

これはみんなでつくった本だと、私は思っています。

この本を手にとってくださったかたに、心からお礼を申し上げます。

氷

鵠沼海岸
Kugenuma-kaigan
くげぬまかいがん

目次

はじめに　4

1
—
埜庵のかき氷 春夏秋冬　9
一年を彩るかき氷／冬こそ、いちごのかき氷／すいか「らしい」おいしさって?／抹茶のこと／手づくりのかき氷シロップ／季節とかき氷／埜庵のかき氷

2
—
開店からここ10年のこと　57
かき氷との出会い／行列のできる店／鵠沼の店をとび出す／催事ならではのむずかしさ／仕事が広がる／コロナの時期を経て

3
—
日本のかき氷の歴史　85
あてなるもの、氷／製氷業の興隆とかき氷ブーム／戦後〜昭和のかき氷／埜庵をオープンしてから

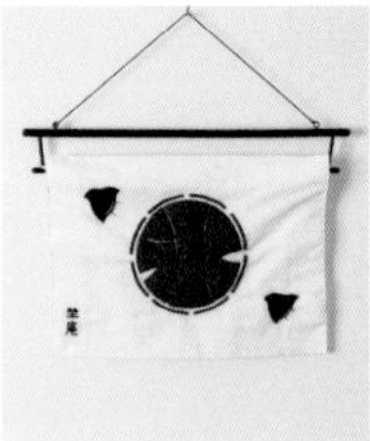

さくら氷　11
パイナップル　14
桃　15
栗　18
白酒　19
Wいちご　22
すいか　27
抹茶　30
米米　33
ハルノヒ　34
オレンジ杏仁　35
チェリベリ杏仁　35
いちごみるく
生いちごトッピング　36
杏仁練乳とごろごろ
マンゴーとナタデココ　37

4 生産者とのつながり 95

夏でも生のいちごを／理想の栗ペーストを求めて／山形で出会った、無花果と柿／日光《三ツ星氷室》の天然氷／天然水のストーリーを届ける／「純氷」という存在

5 埜庵のこれから、この先 117

店長、千尋さん／「新しい」かき氷を考える／京都での新たな試み／地元・二宮でイベントを行う／オフシーズンあれこれ／お客さまのこと／これから、この先

埜庵を支えてきたスタッフ

石附晴子さん 82
柏崎由紀子さん 84
石附千尋さん 122

杏仁練乳とごろごろパインとナタデココ 37
夏いちご 38
杏仁練乳とごろごろすいかとナタデココ 38
生めろん 39
ピスタチオ 40
無花果 41
Wシャインマスカット 41
かぼちゃ 42
柿 42
栗かぼちゃ 43
チャイ 44
抹茶みるく 45
みかん 45
チョコミント 46
アーモンドチョコ 47
いちご 99

《埜庵》の絶品シロップレシピ

みぞれ氷　191

基本のシロップ ① **糖蜜**　190

◎みぞれ氷をアレンジ

ジュースみぞれ　187

ウイスキーみぞれ　187

ワインみぞれ　186

練乳氷　185

基本のシロップ ② **練乳**　184

いちご　181

基本のシロップ ③ **いちご**　180

◎いちごをアレンジ

いちごみるく　179

ベリーベリー　178

マンゴー　177

◎練乳氷とマンゴーをアレンジ

ヨーグルトマンゴー　175

ゆず　173

りんご　171

さくら　169

白酒　167

◎練乳氷をアレンジ

コーヒーゼリー　165

黒糖しょうが紅茶　163

シロップの保存について　188

1

―

埜庵のかき氷
春夏秋冬

一年を彩るかき氷

《埜庵》をオープンしてからこれまでに、３００種類以上のかき氷をつくってきました。春夏秋冬、季節の氷にさまざまな思い出があります。

春は〈さくら〉の氷。これは季節の氷というより、「季節を変える」かき氷。というのも、冬眠状態のかき氷屋とお客さまの意識を目覚めさせ、「さあ始まるよ！」とかき氷シーズンの始まりを告げるかき氷だからです。埜庵のなかでも、特に重要な役割を担ってくれています。

夏は、フルーツが盛りだくさん。

すいかやメロンの氷は人気ですが、これらの大型果実は、いちごや桃などの小型果実と違って個体差が出やすいのが難点。この時期になると「おいしいすいかの見分け方」といった話題をテレビで見かけますが、ほんとうにおいしいかどうかは、切ってみないとわかりません。切ってダメだともうそこで終わりで、シロップには使えないのです。

さくら氷

そろそろ桜が開花という頃から、関東の桜が終わる頃までのメニュー。桜餅のイメージで、味はオープン当初から変えていない。桜の葉を煮出したシロップに白玉とさくらゼリーをのせ、氷のなかにはあんこと白玉。別添えはさくら練乳。

そして、すいかはなんといっても種をとるのがたいへん。ベテランのパートさんが一日じゅう格闘しています。しかも場所をとる。こうしたことを考えると、ものすごくコストのかかるかき氷で、最近は催事でしかできなくなりました。

フルーツを使うということは、品種改良との戦いという面もあります。初めの頃は「マダーボール」というラグビーボール型の小玉すいかを好んで使っていましたが、あまり見かけなくなり、ＪＡ松本ハイランドのすいかを使うことが多いです。

〈パイナップル〉も夏の人気者です。実はメニューに登場したのは近年のこと。お客さまからのリクエストもたくさんありましたし、メジャーなフルーツでシロップにしていないのはもうこれくらいでは、という状態だったにもかかわらず、長らく手をつけていませんでした。

パイナップルは甘いけれど、酸味もある。通常、フルーツは放っておくと酸味が抜けて甘みが残るものが多いのに、パイナップルはそうなりません。しかも、追熟もしないとあって、買いつけのタイミングがむずかしいのです。

また、果汁を搾ると、繊維がたくさん残ります。これをとる手間がたいへんで、シロップにすることは諦めてそのまましばらく忘れていました。ところが、あるとき繊維を一発でとり除く方法を発見！　いまでは夏のエース的なかき氷で、「夏はやっぱりパイナップル」というコピーが出ると、常連さんがこぞって食べるかき氷になりました。

夏といえば、〈桃〉にも触れないわけにはいきません。以前はメニューの種類が少なく、お盆の期間などは、ほぼこのかき氷一色になったものです。

お盆は市場が長い間お休みになるので、休み前にたくさんの桃を仕入れる必要がありました。休み前に大量の桃を競りで落とす。安く仕入れることができればがんばって売ろうという気にもなりますが、仕入れ値が高ければいくらがんばっても利益なんか出ない。せめて、ロスを出さないように売り切らなくてはなりません。

ところがある年、お盆に台風が2回も来たためお客さまの数がガクンと減り、せっかく苦労して仕入れた桃が大量に余ってしまいました。その頃はまだ加工して保存するという技術や人手もなく、桃をずいぶんムダにしてしまった。このことをきっかけに、生産者さんと直接つながったり、冷凍や果汁の加工業者さんとつながったり、という方法を模索するようになりました。

パイナップル

お客さまからのリクエストに応えて、2017年頃から始めた初夏の氷。時期になると店内に並べたパイナップルの香りがあたりを包む。使っているのは、甘みが強い「ハニーグロー」という品種。別添えのヨーグルト練乳でさっぱりと。

桃

ねっとりとした肉質の桃（主に「白鳳」）でつくるシロップは、大人にも子どもにも大人気。別添えは基本的には練乳（写真では桃シロップ）で、香り高いシロップと相性ぴったり。夏の終わり頃にメニューに加わる。

特に、デパートなどの催事で何万人ものお客さまを相手にするときには、衛生管理や異物混入などの観点から、ふだんより厳しい食品管理を求められます。このときの桃の失敗から、オリジナルのシロップベースや練乳などを委託してつくってもらうというやり方を学びました。

桃のかき氷のおかげで、埜庵が一番の使命としていること＝「ひとりでも多くの人にかき氷を届ける」ためのノウハウの土台がつくられたと思います。

秋の代表的なかき氷は、なんといっても〈栗〉です。このかき氷の最大の特徴は、食べる人が必ずしもかき氷好きではないということ。栗が好きな人はいろいろな栗のお菓子を求めて食べ歩くので、これも「栗のかき氷」ではなく「栗のお菓子」のひとつ。そういう意味では、とても幅広いお客さまに食べていただけるかき氷なのです。

そして冬になると、一番人気は〈白酒〉。お正月とひな祭りに登場するかき氷です。いちごを飾ると美しい紅白になり、お正月にふさわしく、凜としたかき氷です。

そして、ちょうどこのかき氷の頃、天然氷の採氷作業が行われます。世間はひと足先にお正月を迎えますが、私のお正月は天然氷が採れてから。この時期は採氷作業の手伝いでいそがしく、何種類ものシロップがつくれないのですが、その留守を白酒はいつもしっかりと守ってくれる、埜庵にとっては守護神のような役割のかき氷です。

かつては、かき氷といえば夏のもの。季節感は必要とされませんでしたが、いまでは季節ごとにいろいろなかき氷を用意することで、常連さんは「またこの季節が来たね」と、感じとってくれるようになりました。

生みの苦しみといいますが、その苦しみの先には必ず幸せがついてくるものだということを、かき氷をつくり続けるなかで学びました。

今後も、新しいかき氷づくりに苦しみたいと思います。

栗

秋が深まる頃の氷で、これが登場すると繁忙期は一段落となる。シロップは和栗のペーストを軸にフランスの栗をブレンド。別添えは練乳と、10種類近くも試して選んだこだわりのシェリー酒。栗のおいしさをさらに引き上げる。

白酒

年始とひな祭りの氷。酒粕（近年は山梨の酩酒「七賢」のもの）と練乳でつくるソースが香りよく、コクのある味わい。別添えのソースはあずき、いちご、ラズベリーなど、そのときどきで変えている。いちごをトッピングしてもおいしい。

冬こそ、いちごのかき氷

いろいろなかき氷をつくってきたなかでも、個人的に思い入れが強いのは〈いちご〉。「埜庵の歴史のなかでいちばん大切なかき氷は何ですか」と聞かれたら、私は迷わず〈Wいちご〉と答えます。これは、生のいちごでつくったシロップのかき氷に、いちごのゼリー寄せを入れたもの。いちごのおいしさを生かしたかき氷は、当然ながらいちごが旬の時期にしかつくれませんから、冬にしかできません。

ゼリーはアイスクリームに添えられたウエハースのようなもので、冷たくなった口のなかを落ち着かせる役目を果たします。でもほんとうに重要なのは、そんな技術的なことではありません。この商品は、当時だんだんとふえてきた大切なお客さまを「おかしな人」にしないために考えたものなのです。

この仕事をしていると、冬でもかき氷を食べる人がふえたと感じますが、一般的にはまだまだ少数派です。いまでさえそうなのですから、20年近く前はいうまでもありません。開店当初、冬に来店してくれる人はいまよりもずっと少なかったけれど、彼ら彼女らは私にとってかけがえのない人たちで、私とお客さまも、お客さまどうしも、同じ価値観のもとに集う「同志」のような存在でした。そんなかけがえのない人たちが、冬には、職場の同僚や友だちに「かき氷を食べてきた」とはちょっと言いにくい。まるで悪いことでもしているかのようにひっそりと食べるばかりで、うっかり誰かに言えば、「マジで?」「おかしいんじゃないの?」などと返されることは必至です。

そこで、「同志」たちが冬にかき氷を食べる理由を説明しやすくするためにつくったのが、〈Wいちご〉でした。

「いちばんおいしいいちごのかき氷を食べようと思ったら、冬しかないでしょ」

このひと言で、一気に通な感じになれます。

〈Wいちご〉は、みんなでつくって、みんなで育んできたかき氷なのです。

Wいちご

氷のなかからゼリー寄せが出てくるので、食べ進むにつれ、表情が変わって飽きない。いちごの品種は肉質がしっかりして適度な酸味もある「さちのか」で、鵠沼の近隣・平塚市で生産されている。産地が近い分とてもフレッシュ。別添えは練乳。

すいか「らしい」おいしさって？

埜庵の草創期に一番の驚きをもって迎えられたかき氷は、なんといっても〈すいか〉でした。

フルーツはどんなものでもそうですが、果肉をミキサーなどで液状にして氷にかけただけでは、ただの薄いジュースにしかなりません。まったくおいしくはない。それをおいしいシロップにするには、加熱して水分をとばすことで旨みを凝縮したり、ゼラチンなどで粘度をつけて味わいを強く表現したり、といった仕事が必要です。

すいかをなんとかかき氷にしたいと考え、まずは果肉をミキサーにかけて（種をとるのがほんとうにめんどうくさい）、砂糖を加え、シロップにしてみました。そのまま氷にかけたけれど、全然おいしくない。しかもすぐとける。

そこで今度は煮詰めて水分をとばし、ゼラチンで粘度をつけてみました。それでも何かが足りない。すいからしいおいしさが出てきません。

そんなときに思い出したのが、塩でした。

試しにかけてみたら、対比効果ですいかの味が断然引き立ちます。甘みも、旨みも。しかも、氷に塩をかけると温度が下がる。器のなかの上部と下部の削られた氷に温度差が生まれ、その間で熱交換が起こります。吸熱反応で下にいくほど氷が再結晶しようとするので、ひやりとした冷たさを伝えるのに最適なうえ、かき氷が最後まで長もちする。夏にはぴったりでした。

かき氷に、塩をかける!!

この試みは当時としてはとても画期的で、高い評価をいただくこととなりました。おそらく、いちごのかき氷と同じくらい、埜庵をかき氷の店として位置づける代表的なかき氷だったと思います。

近年は、長野の《JA松本ハイランド農業協同組合》が生産するすいかを使用。東京から買いに行く人も多いという人気のすいかで、味が濃く、甘みが強いため、シロップにしてもおいしい。別添えは糖蜜と、甘みを引き立てる塩。

すいか

抹茶のこと

〈抹茶〉はいちばんむずかしく、とても大事に考えているかき氷です。

むずかしいというのは、技術的なことだけではありません。老若男女、いろいろな人が食べるので、どこに味の照準を合わせたらよいかわからないという意味もあります。

埜庵の抹茶は、愛知県西尾市の葵製茶にお願いしている、かき氷用のオリジナル抹茶です。初めは違うメーカーのものを使っていましたが、ある年のお盆前に抹茶が手に入らないときがあり、紹介していただいておつきあいが始まりました。

それまでは抹茶に対しての知識はあまりなく、ただ値段だけを伝えて送ってもらっていました。ところが、その値段を伝えると、先方がびっくり。そんな高価な抹茶をかき氷に使っているところはないといいます。同時に、「それくらいのご予算をいただけるなら、オリジナルの抹茶がつくれますよ」とも。

オリジナルの抹茶がつくれる！

私のような一般人が思う抹茶のイメージには、苦みや渋みといった要素も必要。でも茶道用の高価な抹茶になればなるほど、そういう要素は影を潜め、純粋な旨みを引き出した味わいになる。つまり、ふつうの人が思う抹茶のイメージを強調するなら、値段の安いもので十分ということになってしまいます。でもそれでは、ほんとうの抹茶のおいしさが伝わりません。

ならばぜひ、とお盆休みが明けたばかりのある日、さっそく西尾市の工場に向かいました。いちばん高価な抹茶からリーズナブルなものまで、値段の違いにはちゃんとした根拠があります。十数種類の抹茶の官能検査をしながら、自分の舌で絞り込み、オリジナルのブレンドをつくっていきました。

最終的には、旨みを引き出すグレードの高い抹茶と、苦みを感じさせる二番茶葉の抹茶、渋みを感じさせる抹茶をブレンドして、かき氷用のオリジナル抹茶をつくることにしました。せっかくの高級な抹茶に、わざわざ安価なものをブレンドするなんて。そのときも「失礼にならないですか？」と確認したのですが、逆に、メーカーにはない発想と言われました。何も知らない素人だからできたということですね。

抹茶

抹茶とグラニュー糖だけでつくるシロップは、甘みを抑えた味。別添えは練乳。
原料の抹茶は愛知県西尾市《葵製茶》のもので、グレードの高いもの（写真下・右）と二番茶葉（同・左）などを合わせた、埜庵オリジナルブレンド。

誕生から10年以上たったいまでも、葵製茶のなかでは、かき氷用として類をみないレベルであり続けているという埜庵の抹茶。

でも実は、それには別の理由もあります。オリジナル抹茶をつくった当時、働いてもらっていたスタッフと工場に行ったときのこと。

「常識的に、こんないい抹茶は使えないですよね」という彼の言葉に、「ほんとうに気に入った材料なら、どうにかして使えないかと考えるほうが、ものをつくる人には大切」と注意をしました。私も若かったので、ちょっとキツい言い方をしたと反省したのですが、それを聞いていた葵製茶のかたに「さすが埜庵さん」と返され、「安いのでいいです」とは言えなくなってしまったのでした。

こうして生まれ、いまもお客さまから愛され続けている埜庵の抹茶。

冬には〈恵抹茶〉というメニュー名で、いつもよりいい抹茶のかき氷を出すことがあるのですが、それには、オリジナル抹茶に、葵製茶で最高峰の薄茶「葵の誉」をさらに加えています。

米米

春

下に白酒（酒粕が原料）、上に甘酒（米糀が原料）のシロップをかけた氷。別々に出していた白酒と甘酒の氷を、ふと「合わせてもおいしいはず」と思いついた。千鳥形の牛乳かんをのせ、しょうがシロップを別添えに。２月頃に登場。

ハルノヒ

漢字で書くと「晴の氷」。白酒にさくらのシロップをかけ、白玉とさくらゼリーをのせた氷。別添えはさくらシロップ。もとは「まかない氷」だった。スタッフの一人が「この氷、(石附) 晴子さんっぽい」と言ったことから命名。

オレンジ杏仁

杏仁風味の練乳に、ほどよい酸味のオレンジシロップを重ねた氷。催事のために考案。オレンジシロップは、神奈川県小田原市の農家さんがつくる「みかんネクター」にオレンジをまるごとブレンドしたもの。別添えはオレンジシロップ。

チェリー＋ベリーでチェリベリ。調理用チェリー（長野県小布施町産「チェリーキッス」）と冷凍ラズベリーでつくるシロップは、甘みと酸味のバランスがよく、しっかりと濃い味わいで、色も鮮やか。杏仁練乳との相性もぴったり。

チェリベリ杏仁

夏

いちごみるく 生いちご トッピング

まろやかないちごみるく＋別添えにいちごシロップの組み合わせは、老若男女に大人気。夏に生のいちごのトッピングは、本来はとても贅沢なもの。山梨県北杜市産の夏いちご（p.97）を使えるようになったことで実現した。

杏仁練乳とごろごろマンゴーとナタデココ

ポイントは、下に注いだシロップにごろごろ入ったマンゴー果肉とナタデココ。その上に削った氷に杏仁練乳をかけ、さらにマンゴーをトッピング、マンゴーシロップを別添えに。マンゴーは初夏になると人気のフルーツ。

杏仁練乳とごろごろパインとナタデココ

上のかき氷のパインバージョン。ナタデココは食感がアクセントになるだけでなく、杏仁練乳と相性抜群。認知度に世代間ギャップがあって、若い人が新鮮に感じてくれるのもおもしろい。器はかつて在籍したスタッフの手づくり。

夏いちご

2022年夏に、京都でポップアップ出店をした際の氷。糖蜜の氷に、別添えにした夏いちごのシロップと練乳をかけながら食べる。シンプルの極み。

杏仁練乳とごろごろすいかとナタデココ

杏仁練乳のかき氷にすいかシロップをかけ、すいかとナタデココをトッピング。2023年夏、デパ地下の催事用に考案した氷で、丼に盛りつけている。

生めろん

なぜか店主と同年代の男性から、圧倒的な支持がある。シロップは香りがいい静岡県産「クラウンメロン」に、「アンデス」や「たかみ」などをブレンドしたもの。かけるだけでなく、別添えにも。オープン当初から変わらない初夏の味。

ピスタチオ

地元のフリーペーパーの縁で、ナッツを扱う会社とつながったことから生まれた氷。当初は催事用だったが、好評で店でも出すように。別添えはラズベリーのシロップ。トッピングはブルーベリーのシロップ漬けと砕いたピスタチオ。

秋

無花果

2023年11月に初めてつくった氷。「無花果とチーズを食べながら、ワインを飲むような」イメージで味を考えた。下から白酒、ぶどうシロップ、無花果シロップをかけた氷が層になっていて、別添えが無花果シロップと練乳。

Wシャインマスカット

秋になるとつくり続けているぶどうの氷。マスカットのワインのシロップを氷にかけ、別添えにはシャインマスカットのゼリー寄せ、白ぶどうのジュレ、練乳を。シャインマスカットは種がなく、皮も食べられるので、ゼリー寄せ向き。

かぼちゃ

長いこと「野菜のかき氷はつくらない」と言ってきたが、催事用に「いままでつくったことがないものを」と考案。別添えには、埜庵で以前から人気があったキャラメルソースと練乳を。いまではハロウィーン時期の店の定番になった。

柿

柿は熟するまでに時間がかかり、でも熟するともたないので使うタイミングがむずかしいフルーツ。完熟になるまで保管して、いいタイミングで送ってくれる生産者さんと出会ったことで、2023年に初めてつくった。別添えは練乳。

栗かぼちゃ

栗とかぼちゃ、人気のかき氷を一つにした欲張りな氷。ふたつのシロップはそれぞれに個性がありつつ味の方向性が同じなので、混ざってしまわないよう重ねず、縦割りにかけている。別添えはシェリー酒と練乳を。晩秋に登場する。

冬

チャイ

長年の取引先が紅茶を扱っていることがわかり、しかも「チャイには正解がない」と言われて興味を持ったことから、埜庵オリジナルのチャイをつくった。氷にチャイをかけ、チャイのベース（ミルク抜きのもの）と紅茶ゼリーを別添えに。

抹茶みるく

実は甘みの調整がむずかしい抹茶シロップ。でも「みるく」を加えたとたん、「みんなが好きな味」になり、小さい子どもから大人までストライクゾーンがぐんと広がる。別添えは抹茶のシロップ。好みでかけて苦みをプラスできる。

みかん

神奈川県小田原市でつくられている「みかんネクター」に、みかんの果肉と砂糖を加えただけのシンプルなシロップ。鵠沼に店を構えた2005年冬からずっと出している冬の定番で、みかんのフレッシュな味わいを存分に楽しめる。

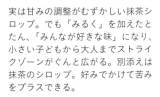

チョコミント

バレンタインの催事の際、デパートからのリクエストに応えてつくった氷。評判がよく、いまでは店の定番に。チョコレートとミントシロップを重ねてかけ、カカオニブとチョコレート菓子、ミントの葉をトッピング。別添えは練乳。

アーモンドチョコ

チョコミント同様、バレンタインの催事用から店の定番になった氷。アーモンドのシロップをかけた氷にチョコレートシロップをかけ、さらに砕いたピスタチオとカカオニブをトッピング。別添えはシェリー酒で、大人の味わい。

手づくりのかき氷シロップ

いちご、パイナップル、メロン、桃、りんご&キウイ、オレンジ、レモン、マンゴー、パッションフルーツ……。フルーツのかき氷はみんなが大好きです。埜庵では、それらのフルーツをなるべくそのままの感じでみなさんにお届けできるよう、日々加工の方法について考えています。

フルーツのシロップはおいしいフルーツからつくることが基本ですが、最近は「おいしい=甘い」で、いちごでもなんでもとにかく甘い。でも、シロップにするなら、適度な酸味もほしいところです。そもそも、上質なフルーツならそのまま食べるのが一番なわけで、人間が手を加えてさらにおいしくなることはないでしょう。

だから私の場合は、フルーツの味の要素をいったん分解し、もう一度組み立て直すことでシロップとしてつくり変えています。酸味や苦みといった甘みとは反対方向の味を加えて、なるべく糖度を上げないようにするのです。

フルーツのシロップでは、この「糖度を上げすぎない」ことこそ、実はフルーツ自体の味に近づける方法。柑橘類、特にグレープフルーツなどにはとても効果的でした。

シロップの柱になるのは、「糖度」「濃度」「粘度」「温度」。これら4つの「度数」を組み合わせて、削った氷の上でいちばんおいしくなるようにコントロールします。

糖度は、もちろん味を決めるためにいちばん必要なこと。

濃度と粘度は味の輪郭を際立たせるのに必要で、味にパンチをもたせる役割があります。またシロップは、夏は氷にしみ込んでいるほうがさっぱりしますし、冬なら氷の上にのっているほうがおいしく感じるのですが、これを調整するのも濃度と粘度です。

温度は文字どおりで、シロップのボトルは、冷やした氷水のなかに置いておくのがベスト。かつて市販のシロップを使っていたときは、温度しか調整できませんでした。


私がこの世界に入るきっかけとなったのは、天然氷との出会い。初めて食べたその氷のおいしさと、当時はまだあまり語られることのなかった「地球温暖化」によって、何年かあとには採れなくなってしまうかもという不安感とのギャップ。限りないポテンシャルがありながら、また同時に危機的な状況にもあるというその儚《はかな》さに当時の私は魅せられたのです。なので、この天然氷でかき氷のお店を開くことになったとき、直感的に「市販のシロップをかけるのは違うな」という気がしました。

この氷にとって、いちばん正しいかたちってなんだろう。

自分なりに考えて考えてたどり着いた答えが、「いちごの氷なら、本物のいちごからシロップをつくったほうが正しいんじゃないか」ということでした。おいしいかき氷ではなく、氷にとって正しいかき氷。いまとなっては言いにくいことですが、出発点はそこでした。


新しいかき氷は常に考えていかないといけないものですが、シロップのアイディアというのはそんなに無限に生まれるものでもありません。

あまりかき氷の食べ歩きはしないのですが、ときどき話題のかき氷屋さんを訪れると、そのつくりの複雑さに、「いま都心では、こんなに手をかけないといけないんだ」と驚かされることばかりです。

かつては新しいといわれた埜庵のかき氷も、いまとなっては違います。シンプルなかき氷が埜庵の信条で、そこを変える気はないのですが、それがかえってうまい差別化にはなっていると思います。

というのも、埜庵はかき氷を一年じゅう食べる人が少ない時代に始めているので、まずは広くお客さまに受け入れてもらう必要がありました。シンプルなフルーツのかき氷が多いのはそのためです。

かき氷のかたちが違うのではなく、対峙しているお客さまが違う。結果的にさまざまなかき氷が生まれて、多様性につながり、かき氷の発展にもつながっていると思います。新しいアイディアの話に戻ると、私の場合は、むしろかき氷以外の食べ歩きのなかから生まれることが多いです。特に旅行や出張で地方に出かけたときに、その土地独自の食べものから影響を受けるということが数多くあります。

レシピは何種類くらいあるのですか？と聞かれますが、実は自分でまとめたレシピ帖のようなものはありません。

手を動かしながらつくり、最終的に決めたレシピを、そのときどきの「ニバン」を務めている人が書きとめます。そして、その「ニバン」の人がお店を卒業するときには、それまでに書きためた原本のコピーを私に渡す。いっしょに手を動かし、考えてつくったレシピは、お互いの財産として共有していきます。

埜庵では、3年勤めるとのれん分けしてもいいということにしています。3シーズンくり返すとメニューの完成度も上がるし、よい夏も悪い夏も、だいたい経験します。かき氷の習得だけで3年は長いと思う人は多いかもしれない。でもほんとうに感じてほしいのは、先も見えないかき氷屋が「きみを3年雇用する」と約束するのがどれくらいたいへんかということ。

働いているときは文句を言いたいことがいろいろあるかもしれないけれど、自分で開業して人を雇用することになったとき、初めてその困難さに気づく。もし開業するのがかき氷屋なら、そのむずかしさは身にしみてわかると思います。

そうなって初めて、雇う側としての意識に変わる。

レシピを共有する人に、レシピ以上に大切に伝えたいのはそのことです。

季節とかき氷

夏と冬のかき氷の違いを決定づけるのは、シロップの材料となる季節のフルーツだけではありません。

体が冷たいものを求める夏のかき氷は「ドリンク」のようなもので、とけた状態でもおいしく飲みきってほしい。だから、基本的には、氷を削ってシロップをかけるだけ。

一方、冬のかき氷は、冷たいものがほしいという理由で食べるわけではないので、寒くても最後まで食べきることができて、おいしかったと感じてほしい。そのために、ゼリーを使って冷たさをやわらげる工夫をしたり、練乳などを加えてミルキーなシロップに仕立てたりもします。そういう意味では、冬のかき氷は「スイーツ」の一種です。

十数年前には、かき氷をメレンゲで包んでバーナーであぶったかき氷を「温氷《おんごおり》」という名前で出したこともあります。氷の冷たさによってあぶったメレンゲの温かみが感じられる、冬ならではのかき氷。こういった遊びの発想を当時は「邪道系」と呼んでいましたが、そんなことも、冬にかき氷をおもしろいと言ってくれる人をふやしてきたのだと思っています。

季節のかき氷がある程度固定されてくると、毎年そのかき氷を求めて足を運んでくれるお客さまもふえてきます。ずっと通ってくださるお客さまは、「またこの季節が来たね」と言って、毎年そのかき氷を食べてくださる。変えられない定番のかき氷が、年々少しずつふえています。

また、桜や栗のように、その季節になるといろいろなお店のかき氷を楽しみに食べ歩く人もいます。それはかき氷のお店がふえたことによって生まれた、新しいマーケット。

それぞれのかたが、それぞれの楽しみ方で食べてくれる。かき氷というものが、みなさんのなかにますます浸透していることを感じます。

埜庵のかき氷

ここ数年は、新しい食材だけでなく、エスプーマを使ったものやケーキの形をしたものなど、いままでにない技法を駆使したかき氷が「進化系」と呼ばれるようになりました。質感を競うということが、私からみるとちょっとエスカレートしているようにも思えます。でも、こうした「進化系」が、ここ10年くらいのかき氷の主流というのは間違いないのかもしれません。

お客さまが望むものを提供する。それはもちろんよいことだと思いますが、埜庵のかき氷とはちょっと方向性が異なってきたと感じるようになりました。

「埜庵のかき氷をひと言でいうと？」と、取材のときによくたずねられます。かなりむずかしい質問で答えに窮してしまうのですが、いつも思っているのは、「日本独自のかき氷のかたちを踏襲していきたい」ということ。日本のかき氷は「水を食べる」もの。日本料理では水を大切に考えますが、かき氷も日本料理のうちというのが私の考えです。

だから、「シンプルに氷を削って、シロップをかける」。そのふたつの行為だけでおいしさを表現することにこだわっています。そこに何かを加えるより、加えないほうがよほど勇気がいる。そのためには、できる限りよい食材を使い、その食材のいいところを引き出してみなさんにお届けしよう、と常に考えています。

2

—

開店から
ここ10年のこと

かき氷との出会い

大学を卒業したあとは、会社員をしていました。新卒でインテリア関連の商社に入り、その後転職して音響機器メーカーへ。部署はどちらも営業で、特に不満もなく働いていました。

1998年、33歳の頃のことです。4月末か5月初めのある日、2歳半だった長女とふたりで埼玉県の秩父へ出かけました。当時は東京郊外の八王子に住んでいたのでJR八高線に乗り、寄居駅で秩父鉄道に乗り換えて長瀞《ながとろ》へ。電車を降りて歩いていると、ふと目に留まったのが《阿左美冷蔵》の氷の旗でした。ぽかぽかと陽気のいい日で、「かき氷、食べようか」とひと休みすることにしました。私は梅酒、娘はいちご。

大げさでなく、「脳天をカチ割られるほど」のものすごい衝撃を受けました。少し汗ばむ陽気の日に歩いたあとだったということもあるかもしれません。でも、それにしても、とにかく驚くほどおいしかった。単に冷たくておいしいというだけではなく、ひとつの料理として完成されていて、ほんとうにおいしい！と感動したのです。

これをきっかけに、いろいろなお店でかき氷を食べるようになりました。阿左美冷蔵へもよく足を運びました。ご主人の天然氷に対する思いや、まだ話題になることが少なかった地球温暖化の話などを聞くにつれ、自分の世界が変わっていきました。

秩父に通い始めてから2年と少したった、2001年の初め。会社に退職願を提出しました。半年ほど慰留され、妻の晴子さんはその間に私の気が変わるだろうと思っていたそうです。退職願を出してからの半年間は、週末になると阿左美冷蔵でお手伝いをさせてもらいました。会社の仕事が嫌いだったわけではありません。ただ、どこか満たされないものがあったのは確かで、その一方、阿左美さんのお店にいるときは、そういうモヤモヤは感じませんでした。

学校での実習風景。大量調理をくり返した経験は、いまもシロップづくりに役立っている。

娘たちといっしょに。小さな子どもを2人抱えて会社を辞めることには迷いもあった。

結局、会社を辞めたのが36歳の10月。2002年4月から、調理の勉強のため半年ほど学校へ通いました。かき氷だけでやっていく自信はなく、学校へ通いながら「自分がほんとうにやりたい店は何か」と自問する日々でした。

学校を修了したあとは、個人経営の宿、フレンチレストラン、食堂、ホテル、ファミリーレストラン、いろいろな飲食店で、朝から夜までアルバイトをかけ持ちしました。この頃には、翌年の2003年春にかき氷の店を開こうと決心していたので、半年間と期間を決め、できるだけのことを吸収しようと考えたのです。

こうして、2003年3月15日。38歳のとき、ついに鎌倉・小町通りで《埜庵》をオープンしました。屋台サイズの物件で、契約は2年。これには「区切りを決めて、できることは全部やる」という思いを込めていました。

鎌倉で試行錯誤を重ねるうちに、会社を辞めたときの根拠なき自信はなくなっていました。それでもなんとか、自分のかき氷が受け入れられているという希望は見えてきた。そこで、契約期間の満了を待たずに屋台を閉めることにしました。

明けて2005年春。鵠沼《くげぬま》海岸の不動産屋でいまの場所を紹介され、引っ越すことに。移転オープンは5月1日です。私は40歳になっていました。

小田急江ノ島線・鵠沼海岸駅からほど近い住宅地、ごくふつうの2階建ての埜庵。開店当初の姿から改装し、いまは客席が少しふえた。

行列のできる店

現在の鵠沼海岸に場所を移し、『かき氷屋 埜庵の12カ月』を出した2012年6月には、鎌倉でのオープンから数えて10年目を迎えていました。

初めの10年は、いまふり返っても、もがき続けた時期だったと思います。そこから抜け出すのに時間がかかってしまった理由は、相談できる人がいなかったこと。当時は、自分のようなかき氷屋をやっている人はまわりにはいませんでしたから、すべてを自分で考えて一歩ずつ進むしかありませんでした。

「一年じゅうかき氷を出す店をやる」と言ってはみたものの、あるのは根拠のない自信だけ。かき氷は注文を受けてからしかつくることができないし、削っている間はほかの作業もできません。だから、かき氷以外の食べものをメニューに加えるということもなかなかむずかしく、世間が「一年じゅうやっているかき氷屋」という商いを認知してくれるまでは、ほんとうにたいへんでした。

２０１１年５月にシロップのレシピ本を出したあとは、「家でつくれるおいしいかき氷を教えてください」という雑誌やテレビの取材がけっこうありました。東日本大震災の影響で、多くの人がなるべくエアコンをかけずに涼をとろうとしていたその夏。同じ時間にいっせいに打ち水をする、といったエコな暮らしの方法をみんなが探していて、かき氷もそのひとつだったのです。

それからの２〜３年で、「かき氷専門店」と名乗るお店が急にふえました。

かき氷が人気らしいと世の中に知られるようになり、２０１３年７月には、日本経済新聞・土曜別刷りの連載「何でもランキ

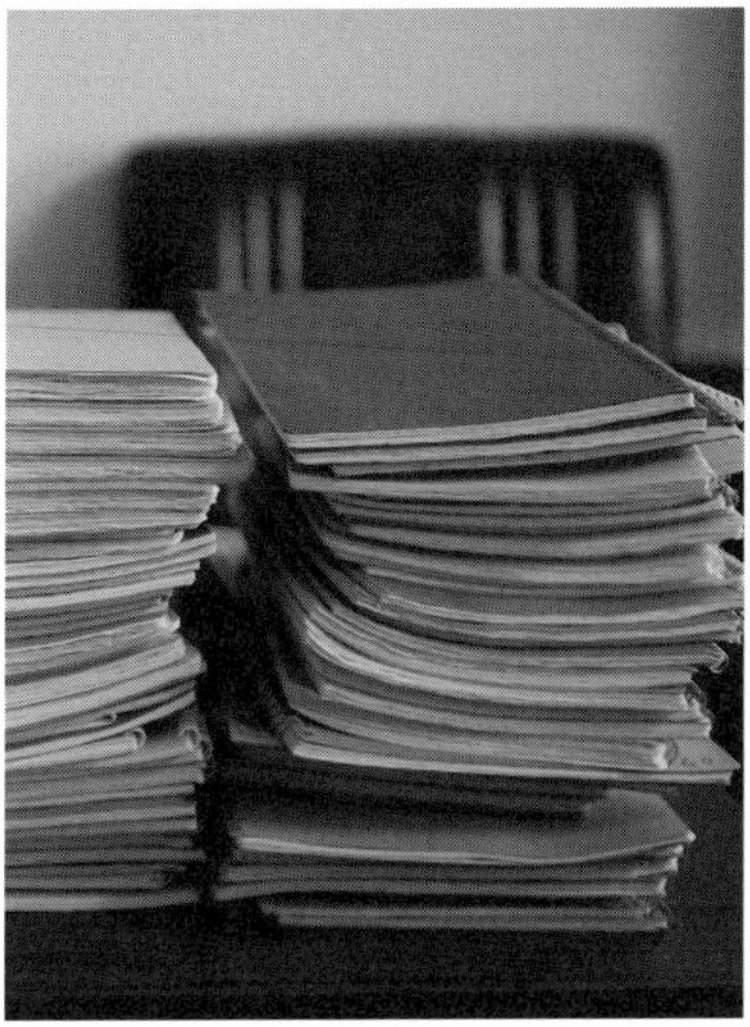

日付、天気、注文など営業日のことを記録したノート。鎌倉の頃から欠かさずつけている。

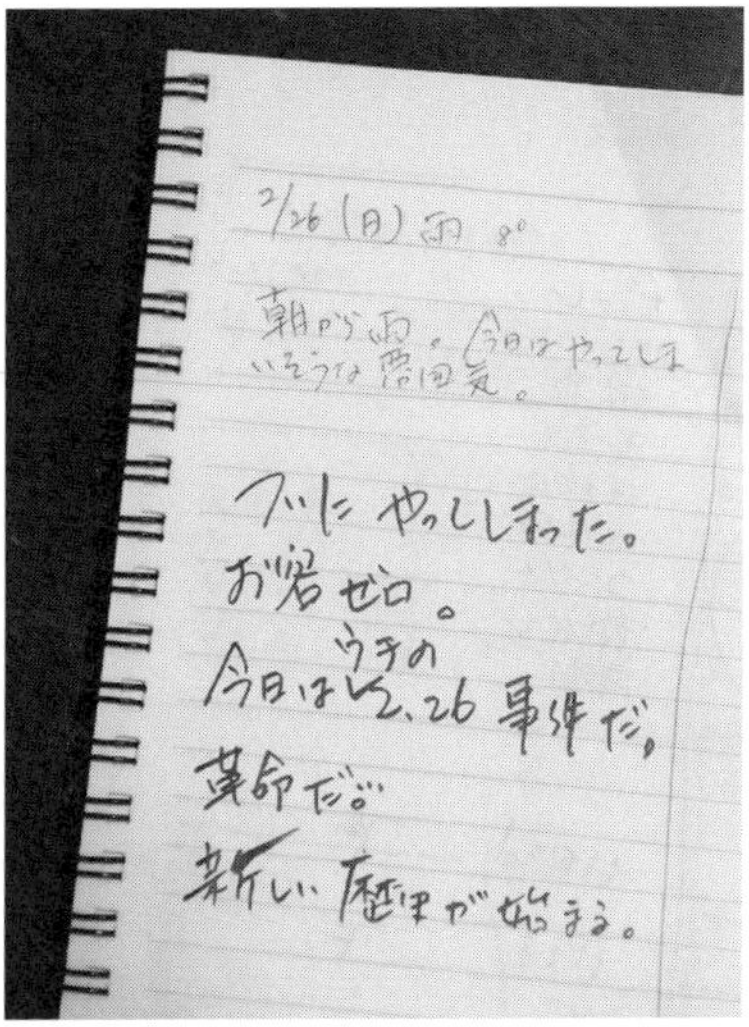

2006年2月26日のノート。初めての客数ゼロ。自虐的なコメントながらどこか前向き？

ング」の「並んでも食べたい ふわふわかき氷」というテーマで、埜庵はなんと東日本第1位に選ばれました。

この頃になると行列ができるほどお客さまが来てくださるようになり、お店としての評判も、ありがたいことに少しずつ上がっていったと思います。ですが、スタッフもだいぶふえて、みんなの給料を払うと自分の分が残らないという状況になっていました。

会社を辞める前にいろいろなお店を食べ歩いていたときは、行列を見ると「もうかってるなぁ」などと勝手に思っていました。行列する店をつくればもうかる、という単純な考えしかもたずに店を始めたので、行列する店はつくったのに全然もうからないという現実に直面して、どうすればいいかわかりません。飲食店はやっぱり規模を拡大していかないといけないのだろうかと思うものの、かき氷はつくりおきも通販もできないし、とにかく大規模化には向かない……。

子ども2人の進学も控えて、家計はまったく余裕なし。なんとかしなくてはとあせりながら、先のことを模索していました。

「かき氷専門店」として知られるようになり、混雑する日は整理券を配るようになった。1階で注文と会計をすませてから客席へ。

鵠沼の店をとび出す

そんなとき、少しずつ声をかけていただけるようになったのが、デパートの催事への参加です。

初めてお引き受けすることになった2015年を皮切りに、東京では新宿と町田、神奈川では横浜と藤沢のデパートで催事に参加してきました。そのつどデパートの担当者さんと知恵を出し合い、オペレーションや厨房の配置などを練り上げ、催事を成功に導くにはどうすればいいかと考え抜くことのくり返し。その蓄積はいまの埜庵にとって、一番の財産です。

当初は不慣れということもあって、あまり乗り気ではありませんでした。初めてゆえに予想のつかないことだらけで、オペレーションをどう保っていいのかわからず不安だったのです。でも、考えているだけではしかたがない。チャレンジしてみようと決めました。

催事が店の運営に大きな変化をもたらしたのは、2019年のことです。

2016年から催事に参加していた藤沢のデパートで、真夏の催事をお引き受けするため、鵠沼の店を閉めるという決断をしました。

かき氷屋なのに夏に店を閉めるというのはさすがに抵抗がありましたが、実はこの頃、真夏に鵠沼で営業をすることに限界を感じ始めてもいました。「待ち時間が長い」と噂になると、お客さまはどんどん来店時間が早くなる。埜庵があるのはふつうの住宅街です。店の前に人だかりができれば、当然まわりに迷惑がかかるし、かといって並ぶ場所の不足など、物理的な問題は解決しようもありません。

当時は、いそがしいときは整理券を配っていました。1時間を4つに区切って、15分ごとに6組ずつご案内するというものです。一日にご案内するのは200組、もしくは400人ほどで、どちらかに達すればその日の分は終了。行列してもらえば500人以上ご案内できるのですが、整理券にすることで毎日100人以上のお客さまを失ってしまうわけです。

私はお客さまを信じているので、それでも整理券を配ります。でも、ほんとうに帰ってきてくれるかはわからない。ほとんどは帰ってきてくださるのですが、なかには帰ってこない人もいる。テレビなどでとり上げられると来店者数が一気にふえますが、20～30組も帰ってこないということもありました。

整理券を配り終わってしまうと、せっかく来てくださった人に「今日の分は終わりました。ごめんなさい」と頭を下げ続けます。でも、実際には席が空いていることもある。矛盾を感じ、このまま続けていたら心がこわれるなと思い始めました。

一方、デパートの催事場なら、こんなつらい思いをする必要はありません。催事への参加を決めたのは、これが大きな理由でした。

店と違って並ぶ場所は十分にあるし、ある程度の行列ならむしろ宣伝にもなる。エアコンの効いた屋内なので、熱中症の心配もありません。こうして真夏の間は店を閉めることに決め、デパートの担当者さんとともに「地元・藤沢に新しい夏の風物詩をつくる」という目標を掲げてスタートしました。

結果的には、鵠沼の店で営業しているときよりもたくさんの人に、夏の思い出に残るかき氷を提供できたと思います。

特に小さなお子さんを連れた家族連れが多かったので、いつかその子たちが大人に

催事の垂れ幕やチケットはデパートが用意してくれる。シロップは毎日つくる。氷は催事用に冷凍庫を借りて大量にストックする。

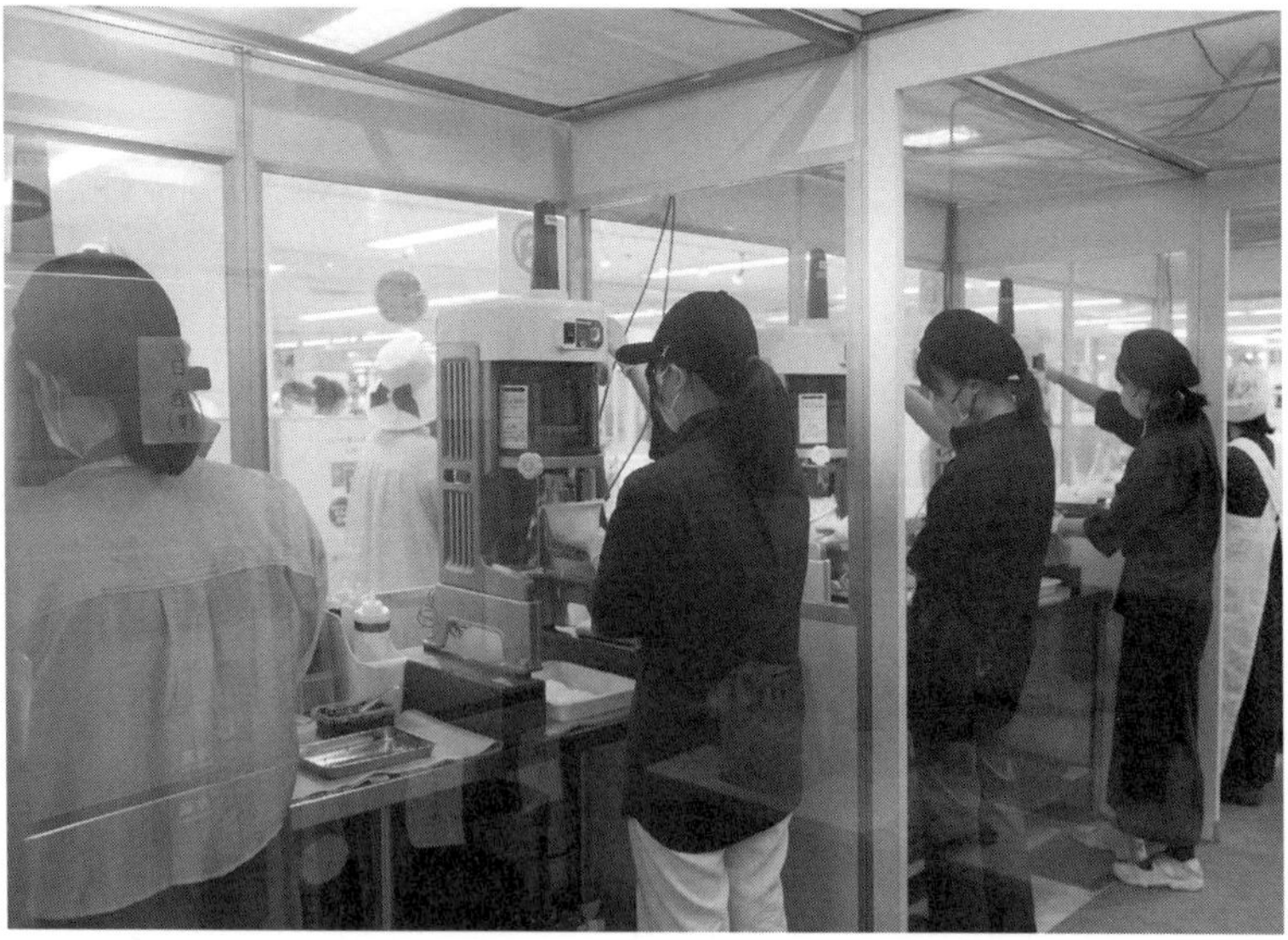

客層の幅広さがデパート催事の特徴。家族連れも多い。削りは交代しながら最大6人で行う。食べている人が目の前に見えるのが励み。

なったとき、「夏にデパートで、家族みんなでおいしいかき氷を食べたよね」と思い出してくれたら、私にとってはとてもうれしいことです。

この催事は、地元の人たちが足を運んでくださる夏のイベントとして定着し、建物の改装で催事場が閉鎖になる2022年まで続きました。終わってしまったのは残念ですが、いまは東京・町田にある別のデパートで、新たな夏のイベントとして定着しつつあります。

催事ならではのむずかしさ

いろいろな問題を解決してくれるデパート催事ですが、もちろんむずかしいこともあります。

そのひとつが、お客さまの数の予測。期間が3週間なら2000人くらいになることが多いのですが、天候に恵まれないと一気に半減、などということも珍しくありません。1週間の催事なら、台風が来ればもう終わりです。それではリスクが大きすぎるので、最近は3週間というパターンが定着しました。

苦い思い出もあります。

ある日、デパートの担当者さんから「お客さまの対応をお願いできませんか」と声をかけられました。お客さまのところに出向くと、抹茶のかき氷を前に開口一番、「あんた、これ全然おいしくない。これで合ってる？」。

もちろん、シロップはいつもと同じで自信作です。でもそのお客さまは、追い打ちをかけるように「全然おいしくない」とくり返す。この日は催事の初日だったのですが、同じようなことが同じ日にもう一件ありました。いやがらせでもないでしょうし、何よりきっと、この人も開店前から並んで待っていてくれたお客さまです。

その後、私の姿は器の返却口にありました。帰ってくる器を注意して見ていると、確かに抹茶がとけた状態で戻ってくるものが多い。ポリバケツのなかは緑の液体でいっぱいです。

もし私より若い世代のかき氷屋さんなら、「いやなら帰れ」とキレているかもしれません。私にしてもそういう気持ちです。でも私には、お客さまが「おいしくない」と言う理由もよくわかる。圧倒的に甘さが足りない。だからおいしくない。

私が埜庵を始める以前の抹茶のかき氷は、お祭りでよく見る市販のシロップがけか、甘味屋さんのものが主でした。市販のシロップはもちろんのこと、甘味屋さんの抹茶にしてもいまよりだいぶ甘い抹茶蜜。その味を変えてしまったのは、私かもしれません。埜庵のシロップは、酸味や苦みなどをうまく使いながら甘みを引き立たせるというやり方でつくっていますが、それがあまり受け入れられないという人たちもいます。特にデパートの催事では、お店とはまた違った層のお客さまがふえるのです。

そのときの対応が正しいかどうかは意見の分かれるところでしょうが、私は次の日から、味を変えて甘くしました。そして、ポリバケツのなかが緑色の液体で満たされることもなくなりました。器のなかから食べる人のことを考える。食べる人の側から器のなかを考える。味をつくる人間にとって、どこまでいってもむずかしい問題です。

かき氷を食べてくれる人は、お客さま。デパートも、仕事の依頼をくれるクライアントという意味で、埜庵にとってはお客さま。双方が満足してくれる結果を出さないと、プロとしては充分でない。

「みんなに愛されるおいしいかき氷をつくること」が最初の10年の仕事だったとしたら、その後の10年は、「かき氷がビジネスとして成り立つように」と考えてきました。

仕事が広がる

日経新聞の記事の効果か、デパートの催事のほかにも声をかけていただく機会がありました。そのひとつが、２０１３年にきた飲料メーカーからの依頼です。翌年のミネラルウォーター販促キャンペーン用景品として、家庭用かき氷器をつくりたいということでした。当時、世の中は「かき氷ブーム」といわれ始めた頃で、鵠沼海岸の店も夏は大行列ができるようになっていました。その半面、昔のように家でかき氷をつくる光景はだんだんと見られなくなっていた。そこで、「家でかき氷を楽しむという文化を、家庭のなかにもう一度戻していきましょう」というのがメーカーさんの考えでした。

その頃のかき氷のキーワードは、「ふわふわ」。これはかき氷を削る機械の刃によって生まれる食感なので、景品のかき氷器ながら、専用の刃からつくるという贅沢なものになりました。しかも、削れすぎると食感がガリガリになってしまうので、よい刃でありながらも削れるか削れないかギリギリの角度、という変わりダネ。景品だからこその個性派かき氷器＝なかなか削れないかき氷器が誕生しました。

このかき氷器は人気が出て、改良を加えながら3シーズンにわたって景品として採用されました。さらに翌年はオリジナルのかき氷用フルーツソースまでつくり、全国のスーパーなどで販売もされました。既製品のシロップの開発に携わる、なかなか得がたい経験でした。

2014年には、あるアイスクリームメーカーからの依頼で、「埜庵」の名前を冠したカップアイスの開発に携わりました。その名も「練乳ヨーグルト味氷・キウイ&りんごソース」アイス。コンビニのアイスボックスに、自分の店の名前のアイスが並ぶというのは楽しいことでした。ただ、残念ながら爆発的なヒットにはならず、営業的には課題の残る結果となってしまいました。味はおいしかったと思うのですが……。

前述の飲料メーカーの仕事では、アメリカにも行きました。2015年にカリフォルニア州ナパで開かれた食品の祭典に、シェフとして参加させていただいたのです。

アメリカじゅうの料理関係者が集まる会場で、現地の調理スタッフとともにシロップをつくってかき氷をふるまう。初めは「あの東洋人は何をしているんだ」と遠巻きにし

（上）アメリカ人シェフを相手にかき氷をつくった思い出の場所。（下）空いた時間にワイナリーを見学。広大なぶどう畑を歩いた。

ていたのに、イベント終了時には、その場にいたシェフたちが「自分にも食べさせろ」とたくさん集まってきてくれたのがうれしかったです。

かき氷の店を開いて10年以上たっているにもかかわらず、日本のかき氷がもつ可能性に、このときあらためて気がつきました。はからずも、私のかき氷は遠くアメリカの地で完成したといっても間違いではないと思います。

映画に登場するかき氷の監修を行う、という仕事も経験しました。2015年に公開された『海のふた』という映画で、大学を出たばかりの女性が、生まれ故郷の街に帰ってかき氷屋を始めるというストーリー。原作は吉本ばななさんで、映画の話をいただく前から、何回も読み返すほど好きな小説でした。

主人公が「ふつうのかき氷ないの?」とたずねられては謝る、というエピソードは、かけ出しの頃の私には妙に心に刺さりました。試写会の会場で作品を見せていただいたときは、会場にいる誰よりも感情移入して見ていたのではないかと思います。

コロナの時期を経て

この10年の出来事をふり返るとき、コロナ禍のことを避けて通るわけにはいきません。すべての飲食業に携わる人にとって、２０２０年からの3年間は、暗黒の時代として心に刻まれているのではないでしょうか。

未知の疫病にどのように対処するのが正解だったのか、それはわかりません。でもあのとき、世の中を駆け巡った「不要不急」という言葉。自分の仕事は「不要」なものとされ、実際に活動することを止められて、多くのお客さまとの交流ができなくなりました。いまでも、あれはなんだったのだろうと思います。

営業的なことでいえば、コロナ初年度の売り上げは前年比で半分にも届かず、倒産寸前まで追い込まれました。催事もひとつを除いてすべて中止になり、店もまともに営業することができない。途方に暮れる日々でした。

でも、なんとかしなければと口では言う一方で、直感的に「ここでジタバタしても、あとあとドツボにハマるのでは」とも思いました。飲食業ではテイクアウトを始める店がふえましたが、どのみち、かき氷は持ち帰ることもできない。そこで私がとった策は、とにかくジタバタしないことでした。

現在では、売り上げだけはコロナの前以上まで戻っていますが、材料高や動向変化への対応にコストがかかるなどで、利益は出ていません。

いちばん困るのは、お客さまの行動パターンが変わってしまったこと。それまでに培ったセオリーのようなものに、当てはまらなくなりました。「今日はどう考えても混むだろう」というときに、いまひとつ爆発しない。肩すかしを食らう回数はふえたように思います。

その一方で、2023年10月から2024年3月にかけては、毎月の売り上げがほぼ同じでした。冬期の売り上げがいままで以上にふえて、しかも安定したのです。

最大の理由は、いわゆる「常連さん」と呼べるような新しいお客さまがふえていることです。また、ナポリタンやカレーうどんといった食事メニューを出すと、まるでそれらが名物であるかのように（かき氷屋なんですけど）、こぞって食べてもらえます。

食事はあくまでもかき氷を食べる人に向けてのサービスメニューなので、食事だけを食べたいという人はお断りしています。それでも毎日けっこうな数が出ていて、いったいなんの店だかわからないような状況になっています。

実は、かき氷をほめられるより食事メニューをほめられるほうが何倍もうれしいのですが、そう感じるとき、自分はかき氷以外に関してはまだまだ素人なのだなと思います。

埜庵を支えてきたスタッフ

石附晴子さん

10年前は不安でしたが、最近はのびのび。プライベートも充実するようになりました

前の本からの10年の間に変わったことといえば、一番はやっぱり、長女の千尋さんが社員として《埜庵》に入ったことです。

お店のことは友だちにも話していなかった様子だし、親がこういう商売をしていることが嫌なのかなと思っていたので、まさか入るなんて、と驚きました。

本人から最初に聞いたときは、正直「やめてほしい」と思いました。いいときばかりの仕事ではないし、家族で過ごす時間もあまりないほどいそがしいこともわかっているはずなのに、と。ただ、就職すると決めた理由をあらためて聞くことはしなかったです。本人が決めたことだし、1、2年やってみて「違う」と思ったら、また就職活動をするのかなと思っていたので。

彼女が大学を卒業して社員になったのが2018年。当時は男性の社員さんが店長でしたが、数年後に彼が辞めることになって、千尋さんが店長を引き継ぎました。その頃は私もお店のなかのことにいろいろかかわっていましたが、「このままだと彼女の覚悟が定まらないかも」と思い、少しずつかかわる度合いを減らしていきました。

お店のなかのこととは、たとえば、商品の注文を受けてから客席へ運ばれていくまでの流れが滞らないようにするとか、お店がスムーズに回っていくための、こまごまとした、でも大切なこと。店内のあちこちに目を配る必要があって、気が張ります。でも、千尋さんが店長になったり、大人の女性スタッフがふえたりしたことで、以前は自分が引き受けていたこれらの仕事を、彼女たちに任せられるようになりました。

その分、お客さまに向き合って、満足してもらえるよう心を砕けるようになったのは、うれしいことです。もともと接客が好きで、結婚前は子ども服の店で店長をしていました。その頃から「せっかくお店に来てくださったかたには、満足してもらいたい」という思いが強くあって、初めてお店に来た人が常連さんになっていく過程も見ていました。

10年前は、毎日不安でしかありませんでしたが、最近はいい環境でのびのびと働いています。オーナーや店長には「のんきでいいよね」などと言われますが、売り上げもほぼ見ませんし、SNSもやらないので、お店のことを書かれても気になりません。「あのお客さま、しばらくぶりだな」と思うと体調を崩していたり、仕事が変わっていたり。いろいろあっても足を運んでくださるのだから、ゆっくりとしていってほしい。コンシェルジェのようにこまかい仕事ができるわけではないけれど、人との出会いを楽しんでいます。

プライベートで変わったのは、趣味ができたことです。以前は無趣味な人間でしたが、ここ2年ほどYouTubeとNetflixにハマっています。家事が終わって家族が寝静まった夜中に、ひとりで集中して推しのミュージックビデオ動画を見ます（笑）。

ハマったきっかけはコロナで家にいる時間がふえたことですが、子どもたちが仕事を持って独立し、親の介護はあるものの、いまのところは一段落。少しは気持ちに余裕ができたのかな、と思います。

埜庵を支えてきたスタッフ

柏崎由紀子さん

居心地がよく、気づけば働き始めてほぼ20年。ヒマだった頃を思うと変わりようにびっくりです

お店が鵠沼に移転した翌年、2006年から働いています。好きな仕事は、仕込み。フルーツを大量に切っていると、だんだんハイになるんですよ。すいかの種とりも同じで、とにかく量が多くてスポーツっぽいというか、悩みも忘れます。

この20年で何より変わったのは、お客さまがふえたこと。初めの2〜3年は、夏以外はほんとうにヒマでした。それが雑誌の記事をきっかけにワーッとお客さまがふえて。整理券をつくって、コンビニでせっせとコピーしました。

印象深いことは、あるときオーナーに「誰にでもできる仕事なんてない」と言われたこと。初めは意味がわからなかったのですが、あとで「同じ仕事でも、やる人の心持ちで結果が変わる」ということかなと気がついて。いまは、どんな仕事も真摯に向き合うよう心がけています。

以前は4、5年で仕事を変わることが多かったので、まさかこんなに長く勤めるとは思いませんでした。

小さい頃から知っている千尋さんが初めてアルバイトに来たときは、照れくさいというか、親戚のおばさんのような気持ちで。そんなふうに思わせてくれるアットホームな雰囲気に心から感謝しています。

3

—

日本のかき氷の歴史

あてなるもの、氷

ここでは、かき氷の歴史について少しお話ししましょう。

かき氷の歴史というと、必ず登場するのが清少納言の『枕草子』です。

「削り氷に甘葛《あまづら》入れて新しき金椀《かなまり》に入れたる」

削った氷に樹液からとった甘い蜜らしきものをかけて、大陸から渡ってきた金属製の器（その当時はたいへん珍しかった）に盛りつける。第四十二段〈あてなるもの〉のなかには、このように紹介されています。

「あてなるもの」とは高貴なもの、上品なもの、という意味です。文字どおり、こんな楽しみ方ができるのは一部の特権階級にすぎませんでした。氷はいまと違って簡単に手に入るものではなく、平安時代には、氷や飲料水の管理をする「主水司《しゅすいし》」という専門の役所があったほどです。


江戸時代には、氷は徳川将軍に献上される品でした。氷が運ばれる道すがら、長持からこぼれる冷たい水に江戸の町人たちが群がったということです。冷たいものを口にすることは、庶民にはとても贅沢なことだったのです。

土佐藩の役人が記した『寺川郷談《てらかわきょうだん》』によれば、江戸時代、四国の山奥に土佐藩の氷室があったという記録をみることができます。『土佐日記』の作者・紀貫之《きのつらゆき》が土佐に国司として赴いたのは有名な話ですが、貴人が地方に赴任することによって都で当時先進的だった氷室の技術が広められたのではないでしょうか。そう考えると、歴史好きな私にとってはロマンが広がります。


現代では、製氷機能つきの冷蔵室は珍しくないですし、コンビニエンスストアに行けばいつでも上質なロックアイスを買うことができます。あまりにもあたりまえすぎてありがたいとも思われなくなっていますが、長い歴史のなかでは、庶民が氷などの冷たいものを口にできるようになったのは、つい最近のこと。

1800年代に圧縮式冷凍機の技術が発明され、1851年にジョン・ゴリーというアメリカの医師が、熱病患者の治療のために製氷機をつくったという記録があります。人の手で氷をつくる技術が確立されたのは、この頃でしょうか。

日本では明治時代になってからで、清少納言の時代から900年ほどの時を待たなくてはいけません。

明治2（1869）年頃、中川嘉兵衛という横浜の商人が北海道・函館の五稜郭で氷を切り出し、流通させることに成功したといわれています。人類が季節に関係なく氷を利用できるようになったのは、世界的にみてもほぼ同じくらいのタイミングだったといえそうです。

製氷業の興隆とかき氷ブーム

かき氷は、明治時代に始まった製氷業の興隆とともに歩んできました。明治初期に初めての「かき氷ブーム」が起こりましたが、これは日本各地に製氷業者が誕生したことと関係しています。当時、製氷業は最先端の産業だったのです。

それまでは、氷はアメリカのボストンからはるばる輸入されていました。使うのは、居留地に住む外国人たち。長い距離と時間をかけて運んでくるのですから、当然、とても高価なものでした。日本国内で製造され始めた天然氷は、やがてこのボストン氷を駆逐していきます。メイド・イン・ジャパンの商品が、外国産に取って代わった初めての例といえるかもしれません。

こうして天然氷のかき氷は爆発的なヒット商品になりましたが、夏にはよかった商いも、秋風とともに終わりを迎えます。

明治18（1885）年10月の読売新聞には、東京市本郷区（現在の東京都文京区本郷、湯島あたり）だけで「氷屋から牛肉屋に変わった店が47軒」という記事がみられます。

そんなに多くの店が商売替えをしたのかと驚く一方、逆にいえば、この狭い地域に少なくとも47軒もかき氷を商うお店があったということでもあり、そのほうが驚きともいえます。

これだけかき氷屋が多かった理由は、単純に、開業するのが簡単だったから。

明治41（1908）年に書かれた『小資本成功法』という本では、かき氷を「資本金は極く僅少で出来て利益の多い営業の一」と紹介しています。また、大正14（1925）年の『商売うらおもて』という本でも「資本僅少、製造簡単且つ容易」として、「これから商いを志す人にもうってつけ」ととり上げています。

この商いと真剣に向き合っている者にとっては、心穏やかではいられない記述ですが、昔も今も、かき氷屋の扱われ方があまり変わっていないことがわかります。

その頃からかき氷を出している老舗の甘味屋さんはあるものの、その数がほかの飲食ジャンルのお店にくらべて多いわけでもない。要は続いていないということで、開くのは簡単だけど……、ということなのでしょう。

戦後〜昭和のかき氷

時は下って、昭和20年代。

港の近くに位置することが多かった製氷工場は、戦時中の空襲で壊滅的な被害を受けましたが、戦後復興の優先事業として、比較的早い段階で息を吹き返しています。そこには、氷が保存の面で日本の食料事情を支えたという背景がありました。

こうしたことが、食糧難の時代でも、かき氷が庶民の身近な夏のおやつとしていち早く復権することにつながります。

戦後、かき氷はそれまで以上にブームとなりました。同時に、砂糖が不足して人工甘味料（サッカリン、ズルチンなど）の使用許可や配給が始まったという事情もあり、かき氷はより安く、より手軽にと変わっていきます。その際立った安さと手軽さゆえに、かき氷の仕事は「夏場に手っとり早くもうかる商い」としてその後の立ち位置が決まり、かき氷は「夏限定のお手軽な季節商品」となりました。

そんなかき氷に、電気冷蔵庫の普及に伴って、また変化が訪れます。

昭和33（1958）年には3・2%だった国内の家庭用冷蔵庫の普及率は、昭和43（1968）年には77・6%まで増加。昭和49（1974）年には97%となり、もはや一家に一台が常識となりました。同じ頃、上面がスライドガラスのショーケース式冷蔵庫が町の商店にも設置され、その数は昭和35（1960）年の10万台から、私が生まれた昭和40（1965）年では40万台にまでふえています。

この頃の夏のおやつの記憶といえば、近所のパン屋さんに小銭を握りしめて買いに行くカップ入りアイス。「買って帰って、家で保管する」というライフスタイルの変化は、かき氷にはいささか分が悪いものでした。

昭和41（1966）年に発行された『暮しの手帖』第85号に〈氷水への郷愁〉という記事があり、「町なかで氷水屋を見なくなった」と紹介されています。夏の冷たいお菓子の主役が、かき氷からアイスクリームに変わっていったといえそうです。

埜庵をオープンしてから

「水商売」という言葉があります。『広辞苑』には「客の人気によって成り立ってゆく、収入の不確かな商売の俗称」とあります。

現代においても、電気やガスは民営化されているのに、水道だけは依然として「官」。ほかのライフラインと違い、水は生きていくのにそれだけ必要なものということです。「商いは水もの」というとおり、営利を目的とする商いに「水」はほとほと向いていないのかもしれません。お客さまに聞かれると、「こんなのはビジネスじゃなくてギャンブル」という話をよくします。ギャンブルなら、長い間やっていれば必ず負けます。いつかは退場しなくてはいけません。それは嫌なので、なんとかビジネスとして成り立つようにと考え続けてきたのが、この20年間です。

《埜庵》は「一年じゅうかき氷を食べられる、初めての専門店」と紹介されることが多いのですが、これがほんとうに正しいかどうかは、かき氷の歴史を調べている私にも実はわかりません。私が始めたときに、たまたまなかったということかもしれません。

埜庵がオープンした2003年頃は、冬にかき氷を食べる人たちはほんのわずかで、まだまだ「変わり者」でした。その意識が変わってきたのは、つい最近のこと。この10年ほどの歳月は、かき氷にとって、明治以来のかき氷の歴史がひっくり返るくらいの大きな変革期だったのだと思います。

私がかき氷の店の店主として過ごした20年間は、そんな「かき氷の変革期」を内側から定点観測をしているようなものですから、その驚きたるやすさまじいものでしたし、同時にいつも冷静な目で眺めてきました。

「かき氷は冬でも食べるもの」という認識は、いまはまだ、必ずしも多くの人に共通のものではないと思います。

みんなが食べなくてもかまいません。ただなんとなく、「最近は、冬でもかき氷を食べる人がふえているんだって」という認識が、多くの人のなかにできたならそれでいい。それこそが、かき氷の歴史が変わったということで、そこからまた、かき氷の新しい可能性が広がっていくといえるでしょう。

4

—

生産者とのつながり

夏でも生のいちごを

従来とは違う、厳選した食材を使った手づくりシロップのかき氷。初めこそ驚かれましたが、やがて少しずつ受け入れられるようになり、定着していきました。

私がオープン当初に考えていたのは、「マーケットをつくる」（＝かき氷を夏以外も食べるものにする）ことと、「スタンダードを変える」（＝かき氷を大人も食べるものにする）ことです。

よく「似たようなお店がたくさんできて、イヤではないですか？」と聞かれますが、まったく気になりません。なぜなら、かき氷のお店がふえたことは、マーケットが大きくなったことを意味するから。そして、マーケットが大きくなるメリットをおそらく誰より知っていて、その恩恵をいちばん受けてきたのはたぶん《埜庵》だからです。

マーケットをつくり、スタンダードを変えるためには、味にこだわり、食材にこだわる必要がありました。生のフルーツを使ってシロップをつくったのもそのひとつです。

フルーツ系シロップの代表格はやはり〈いちご〉ですが、前回の本を発売してから約

10年の間に、大きな変化がありました。

それは、夏でも生のいちごを使えるようになったことです。

夏は本来、いちごの季節ではありません。かき氷を食べたいと思う人がいちばんふえる夏に、看板のかき氷である〈いちご〉を自信をもって出すことができないことは、私にとって長い間ジレンマでした。夏に収穫される品種があることは知っていましたが、北海道など遠隔地の生産者が多く、輸送コストを考えると高くてとても手が出ない……。

そんななか出会ったのが、山梨県北杜市の夏いちご生産者・澤田孝之さんでした。彼の《朱《あか》りファーム》のいちごが私のかき氷を変えたといっても過言ではないと思っています。出会いのきっかけは、2015年の夏に行われたデパートでの催事でした。北杜市役所の担当者を通じて紹介された澤田さんのいちごのおかげで、お客さんは大喜び。なんとか、このいちごを続けて使うことはできないだろうかと考えました。

安くしてほしいとお願いするだけではうまくいかないので、お互いに無理のない方法を話し合った結果、埜庵のかき氷用として、ハウス1棟分の夏いちごを契約することで話がまとまりました。というのも、形がいいいちごはショートケーキ用として出荷され

（上）夏いちご生産者の澤田孝之さんと。折りにふれて北杜市にある農園を訪ね、話をする。（下）澤田さんのいちご。品種は「すずあかね」など。

いちご

冷凍ではなく生のいちごを使うことで、シロップが格段にフレッシュになる。夏も自信をもっていちごのかき氷をつくれるようになった。

ていきますが、そうではないものは残ってしまう。シロップにするなら、いちごの見栄えはそこまで影響しないので、それらのいちごを埜庵でまとめて引きとることにしたのです。

こうして、夏でもおいしいいちごのかき氷をつくれるようになり、同時に、北杜市の夏いちごの存在をお客さまに知ってもらえるようにもなりました。いまでは「冬のいちごよりおいしい」と言う常連さんもいるほどです。

理想の栗ペーストを求めて

２０１９年10月から11月にかけての４週間、新宿のデパートでソフトクリームとかき氷のポップアップショップをオープンすることになりました。

このときメインにすえたのは、シーズンたけなわの〈栗〉のかき氷。かなりたくさんの栗を使うことが予想されたので、どこか直接仕入れられる生産者さんはいないものかと探しました。埜庵の場合、栗そのものではなく、ペーストからシロップをつくります。でも、ペーストは保存などを考えて加糖されているものがほとんど。味を自分で調整するために、どうしても無糖のものがほしかったのですが、ネットでどう探しても見つかりません。

そんななかようやく見つけたのが、高知県四万十市の《しまんと美野里》。わずかな望みをかけて電話をしてみると、受注生産でお願いできることに！　お礼と打ち合わせだけでなく、畑や加工場を見せていただきたかったので、さっそく高知へ飛びました。

ちょうど大粒の栗がたわわに実り始める頃で、畑もきれいに整備されています。

四万十川中流域の栗生産は、ここ10年ほどの地元農家のがんばりで、ブランド化にかなり成功しているそう。

低温の保存庫で一定期間ねかせて糖度が増した栗を、特殊な圧力釜で蒸し上げます。このふたつの工程が、おいしい栗をさらにおいしくするためには重要なこと。この加工を自分のところで行うとなると、ゆでるしかなく、それでは味が抜けてしまいます。それに、皮をむくなどの作業も自分たちの手に余ります。

ここには自分の求める栗だけでなく、加工の技術や設備があります。松山空港からレンタカーでずいぶん遠かったけれど、やはり現地に行かないと決められないこともあります。このときばかりは、実際に足を運んでよかったと思いました。

ちなみに、四万十川はカヌーイストにとっての聖地。私はカヌーをやるので、一度は漕いでみたいと思っていましたが、今回は仕事なので断念……。ということはなく、一回だけ漕いでしまいました。ここまで来たら、ねえ。

（上右）四万十の栗。ペーストにしてもらっている。（上左）山形の柿。熟してから送ってもらう。（下）山形の無花果。ハウス内は甘くいい香り。

山形で出会った、無花果と柿

いちばん最近おつきあいが始まった生産者さんは、山形県遊佐町の《decoファーム》。お願いしているのは、無花果《いちじく》と庄内柿です。

無花果のかき氷は、出盛りの頃になるとよくSNSで見かけますし、かねてお客さまからのリクエストも多いメニューでした。でも、私自身はあまり食べたことがなく、よく知らない。だから、手をつけることもありませんでした。

ところが、ふとしたことから都内で飲食店を営む知人の紹介を受け、畑を見せていただくことに。鳥海山のふもとで、四万十市と同様に空気も水も清らかな場所です。

まず見学したのは、無花果のハウス。入った瞬間、ふわっといい香りに包まれます。そしてハウスのなかが美しく、とにかく整理整頓されている。柿の畑も同様で、手入れが行き届いているのがわかります。食べるまでもなく「この人のつくるものは間違いない」と感じたので、その場で取り引きをお願いしました。

私は、農家の人はこの世で一番のクリエイターだと思っています。なのに、ほとんどの人は稼げていない。農家だけでなく、人の口に入るものをつくっている人はおおむね、それを食べる人より稼げていない。

最近では、日本の外食は海外にくらべて安いといわれます。外国からの旅行者にとって、いまの日本は天国でしょう。安くて、おいしくて、安全。サービスもきちんとしているのに、チップを払う必要もない。

だから日本の外食はもっと値段を高くしてもいい、ということではなくて、食材の生産者や料理をつくって提供する人はもちろん、その食事に携わるすべての人が適正な利益を得られるように、仕組みを見直すことが必要だと思うのです。日本の外食がいかに価値のあるものか。それを教えてくれたのが、外国からのお客さまというのもなんだかおかしな感じです。

《三ツ星氷室》での切り出し風景。マイナス10℃近い寒さのなか、明るくなる前から作業が始まる。切った氷は引き上げて氷室へ。

（上）周囲はスギの林。（中上）吉原さんと。（中下）氷室のなか。氷がおがくずで覆われている。（下）大正３（1914）年頃は馬で出荷していた。

日光《三ツ星氷室》の天然氷

現在、日本で天然氷がつくられている場所は、栃木県日光市、埼玉県長瀞町、長野県軽井沢町と立科町、山梨県山中湖村と北杜市のみ。埜庵では、日光市《三ツ星氷室》の氷を分けていただいています。創業約140年、当代の吉原幹雄さんで5代目を数える歴史ある蔵元で、厳しい寒さのなか淡々と作業を続ける姿にいつも頭が下がります。

製氷池は山のなかに3つ並んで設けられ、面積は1200坪ほど。池の脇には、腐りにくいクリの木でつくられた、築100年超の氷室が立っています。良質な氷をつくるには、北西からの乾いた風（このあたりでは男体山の方向から吹くため「男体おろし」と呼ばれる）が吹き抜ける、日の当たらない場所が必要で、当然ながらとても寒い。日ざしを遮る林は吉原さん一家で植えたもので、代々、氷商とともに材木商を営んできたため、切ったときに材木になる木を選んだといいます。

氷づくりは、毎年12月に始まります。保健所による水質検査に加え、放射性物質の検査も受け、水質に問題がないことを確認。氷用の水は井戸水と沢水でやや温かいため、冷たい空気にさらして温度を下げてから池に注ぎます。晴天で、気温がマイナス4～5℃まで下がる日が2週間以上続けば採氷できますが、氷が充分な厚みに達しないうちに雪や雨が降って汚れてしまったら、すべてを割って流し、一からやり直し。また、氷が成長している間は、夜明け前の点検と表面の掃除が毎日欠かせません。吉原さんほか数人で、毎日きれいにしているそうです。

氷の厚さが15㎝に達したら採氷です。吉原さんが切った氷を10人余りで池から引き上げ、氷室に入れていきます。氷1枚は50×70×厚さ15㎝ほどで、重さは50kg以上になることも。1回の採氷作業で、7000枚弱の量を切り出します。引き上げた氷は向きを交互にして積み上げ、スギとヒノキのおがくず（吸湿と殺菌の作用がある）をかぶせたら作業は完了。氷は氷室のなかでこの状態のまま、夏を迎えます。

食用の天然氷をつくることは、農作物をつくることとよく似ています。池（＝畑）の環境をととのえ、手入れをし、天気とにらめっこしながら育てて収穫する。その氷をいい状態のまま夏まで保管することも含めて、一連の仕事には、想像をはるかに超える労力と時間がかかっているのです。

氷は冷凍庫から出したばかりではなく、室温にしばらくおいて温度を上げてから削る。表面に汗をかくくらいが、削るのに適した状態。

天然氷のストーリーを届ける

天然氷は、圧倒的な自然の力と、たゆまぬ人間の努力によって生み出される、唯一無二の食材。と同時に、私にとってはいまの仕事を始めるきっかけとなった特別な存在です。「天然氷だから」おいしいかき氷ができるかといえば、そんなことはありません。逆に扱いはむずかしく、使う側が試される。でもそれだけに、扱う者を成長させてくれる側面もあります。

年明けに行われる採氷作業を、毎年少しだけ手伝わせていただいています。氷をつくるという作業全体から見ればほんの一部でしかありませんが、天然氷がお客さまの口に運ばれるまでに、どれだけの労力が費やされているのかは理解できているつもりです。

ただでさえたいへんなことが多い天然氷づくりですが、最近では地球温暖化の影響も見過ごせません。天然氷をとり巻く環境は、年々厳しさを増しています。

たとえば2019~20年の冬は、記録的な暖冬として記録される年だったと思います。序盤は雪や雨の影響を受けて氷が収穫できるほど厚くならず、凍っては割るというくり返し。ようやく天候が安定したかと思いきや、その後は2月前半まで充分に気温が下がりません。これを逃すとチャンスはないと、いつもなら採らないような薄い氷を、もう春も近い2月下旬に、最後のタイミングで引き上げました。採氷量は例年の半分以下。三ツ星氷室の歴史のなかでも、めったにないことでした。

2023~24年もまた、記録と記憶に残るほど困難を極めた年でした。雨が降っては割り、雪が降ってはとり除き……という、天候との戦いのくり返し。この年も結果的には、例年にくらべて充分な採氷量とはいえませんでした。

こうして得た氷だからこそ、大切に削らなくてはという気持ちを強くします。

天然氷は、実は輸送や保管もたいへんです。というのも、一年じゅう天然氷でかき氷をつくるなら、ハイシーズンの前に充分な量を運び、必要に応じて使えるよう店の近くに保管をしておかなくてはいけません。日光と鵠沼海岸の間を、トラックをチャーターして1年に何往復もすることになりますし、しかも保管のためにはそれなりの大きさの冷凍倉庫が必要です。その費用だけでも、年間で数百万円。商いが大きくなればなるほどこれらの経費がかさむことに、始める前はまったく気がつきませんでした。

とはいえ、天然氷は自分にとって、やはり特別なもの。どんなに扱いがむずかしかったり、手間がかかったりしても大切なものです。

だからこそ、天然氷を単なる食材として扱うのではなく、自分なりに「この氷にとって正しいと思えるかたち」で、お客さまに届けたい。それが、埜庵のかき氷の出発点になっています。


特別で大切なものではありますが、ふだんは「天然氷」をことさらに前面に出しているわけではありません。お店に来たことのある人ならお気づきだと思いますが、天然氷と書かれた旗ものぼりも置いていない。天然氷とは知らずに食べている人もたくさんいることでしょう。鎌倉にいた頃はアピールしていましたが、お店を鵠沼海岸に移してからは、ほとんどしなくなりました。

それは、「天然氷だから」おいしい、と先入観で判断されても困るからです。まずはかき氷を食べて「おいしい」と感じてもらい、そのあとで「天然氷を使っているんですよ」という説明が続かないと、ほんとうの意味でその人の心には届かないと思うのです。

いまは、食にまつわる情報が世の中にあふれかえっています。自分の舌で直接感じたことではなく、ネットなどメディアで見聞きした情報によって味の印象が決まってしまうことさえある。お店のほうも、お客さまから選ばれるための情報を発信することに必死です。でもほんとうは、よけいな情報なんていらない。事前にチェックした情報をもとに食べものを味わう人は、それを確認することが目的だから、1回食べたらもう満足してしまいます。

天然氷だからおいしいと宣伝するのではなくて、埜庵の氷をおいしいと感じてくれる人に天然氷のストーリーをお届けする。それこそが、この貴重な氷をお預かりする者の役目だと思って仕事をしてきましたし、これからも続けていこうと思います。

「純氷」という存在

天然氷のことは誰よりも大切に考えていますが、そこに盲目的になっているわけでもありません。

一般的にかき氷用の材料として使われる「純氷」もすばらしい氷で、日本の製氷技術は間違いなく世界一だと思っています。また、その氷を届けてくれる氷屋さんの仕組みは世界で唯一のものです。

埜庵でも、思うように天然氷が採れなかった年や、設備的に氷のストックができない催事のときには純氷を使うこともあります。無理なオーダーでも、氷屋さんが一日も休まずきちんと届けてくださることに、私たちかき氷屋はもっと感謝しなければいけないと思います。

数ある製氷メーカーのなかでも特におつきあいがあるのが、長野県飯田市に本社を構える《宮下製氷冷蔵》。社長の宮下茂樹さんとの出会いは、前回の本がきっかけでした。本を読んだ社長が、わざわざ鵠沼海岸まで訪ねてくださったのです。

会話が弾んでいろいろな話をしましたが、社長がふと口にした「ちょっと風が吹いただけでも心穏やかでいられない仕事」という言葉に、氷の仕事というのは、長い間この仕事に携わって会社を経営している人にとっても、やはりむずかしいものなのだとあらためて感じました。

何度か本社におじゃましていますが、そのたび倉庫や工場がきれいに大きくなっていく。敷地内に設けた氷雪研究棟では、低温実験室や研究用アイスプラントをつくり、日々「いい氷とは何か」を追究されています。

最近では宮下さんに限らず、氷をつくる水源から探したり、結晶をより大きく育てるために凍結する時間をコントロールしたりと、よりよい氷をつくるための努力を惜しまないメーカーさんがふえています。すばらしいことだと思います。

実は《宮下製氷冷蔵》は、氷とセットで、シロップや容器などかき氷に必要なものを一式そろえて販売してもいるそう。たいへんお世話になってはいますが、埜庵にとっての商売がたきを生み出している会社ともいえるのでした。

5

—

埜庵の
これから、この先

店長、千尋さん

現在、鵠沼で店長を務めているのは、長女の千尋さんです。大学入学とともにアルバイトとしてスタッフに加わり、卒業後は就職先として《埜庵》に入りました。いまでは店の実務面を担う店長として、また「削り人」としても頼りになる存在です。

彼女が初めて店の手伝いをしてくれたのは、小学校2年生のとき。学校が休みの日に母親と離れることが寂しかったのでしょう。よく鎌倉の店についてきて、片隅で宿題をしていました。そして、店がいそがしくなってくると自分なりに何かを感じるのか、こちらから言わなくても器を洗ったりしてくれていました。

私がかき氷屋を始めたきっかけは、埼玉県・秩父の《阿左美冷蔵》でかき氷を食べたことですが、思えばそれは、まだ2歳半だった千尋さんと2人で出かけたときの出来事。開業当時、取材などを受けると必ず「あのとき私の人生は変わった」と話していましたが、実は人生が変わったのは私だけではなく、かたわらにもうひとりいたことになります（人生が変わった、というより「変えられてしまった」人ですね）。

かき氷を削り始めたのは、アルバイトを始めた頃から。私たちはよく「削った氷の数は裏切らない」と言いますが、相当な数を削ったいまでは、彼女はもう立派な「削り人」。技術的にはすでに私より数段上で、氷に向き合う意識も上かもしれません。尊敬できるつくり手になりました。シロップは私がつくりますが、削りは安心して任せています。

任せているのは、氷を削ることだけではありません。最近は店内のこと、たとえばアルバイトさんのシフトの調整（これがたいへん）や、チームとしてまとめる仕事も彼女の担当です。アルバイトさんにしても、私より年齢が近い千尋さんのほうが話しやすいのでしょう、何か質問があるときは、彼女に聞いていることが多いようです。

中学、高校時代に陸上部で長距離走に打ち込んだ経験から、彼女の頭のなかは完全に長距離走者。「大切なのは、速く走ることより完走すること。他人とのタイム差より、自己ベスト」だそうで、そんな彼女がアルバイトさんたちに指導をすると、私がやるより断然よくなるのがわかります。特にデパートの催事は、駅伝と同じチーム戦。ひと夏を無事に乗り越えると、それぞれの実力がぐんと伸びています。選手（働く人）をどう配置して、どうまとめ上げ、本番でどう叱咤《しった》激励するかは、試合の勝敗（催事の成否）に直結する重要な任務です。催事を駅伝にたとえるならば、千尋さんが現場をまとめる主将、私は全体を支える監督といった役回りでしょうか（シフトを組んでいるのは彼女ですが）。

社員として少しずつ任せられる仕事がふえるにつれて、私の店内での立ち位置もずいぶんと変わりました。いままでは、シロップの仕込み以外の日々の作業は、ほぼ千尋さんの管轄。11時にオープンすると私は店の外に出て、お客さまのご案内と、食べ終わって帰ろうとするお客さまへのごあいさつに専念します。いっしょに働きながら、千尋さんと私の仕事のすみ分けがうまく機能していると思います。

最近では、事業の継承について人から聞かれることもふえましたが、自分がつくってきた「店」をそのまま継がせるつもりはまったくありません。それより手渡したいのは、かき氷を削ることとか、企業と仕事をすることといった、ひとつずつの「経験」です。

最近は、店の外の仕事にも2人で対応することがふえました。催事やイベントの打ち合わせにはいっしょに行きますし、新しい仕事の依頼があれば千尋さんに相談します。

デパートの催事の店長を任せるようになったことで、プロジェクト全体に必要な働き手、食材、予算などを把握するだけでなく、リスクを想定して備える力もついてきました。企業との仕事が彼女の勉強になっているだけでなく、現場の視点から彼女なりの意見が言えるので、私にとって参考になることも多く、助けられる面もあります。

経営的な知識やお客さまとの向き合い方、企業とのつきあい方などは、まだ年齢なりのものですが、教えて身につくものでもないし、本人がこれから経験する仕事のなかで習得していくものでしょう。それに、私が教えられないことは、まわりにいるほかの大人たちが教えてくれると思っています。

コロナ禍の最中、知人から「これからは、思いきりマニアのほうを向くか、まったく向かないかだよ」と言われました。いまのかき氷ビジネスはまさにそうだと思います。私と千尋さんはもともと「自分のお客さまに向き合うことこそ大切」という考え方で一致しています。「後継者」というより「パートナー」として尊重する気持ちが強いのは、根底の部分が似ているからかもしれません。

埜庵を支えてきたスタッフ

石附千尋さん

うまくなりたいと削るうちに、翻弄され続けた「家業」に就職。いまでは、ほかの仕事をしたいとは思いません

埜庵でアルバイトを始めたのは、大学に入学したときです。働き始めて、これが「家業」なんだと認識しました。そして、定期的に来てくれる人たちの顔がわかるようになると、「自分が継げば、この場所は続いていくんだな」とも考えるようになりました。

それでも、就職先として意識したのは4年生になってからです。大学は経営学部の国際経営学科。子どもの頃はアイスクリーム屋さんやお菓子屋さんになりたかったし、高校生の頃は家で父が口にする経営の話を耳にしていたので、もともと「お店を経営すること」に興味はありました。ただ、3年生のときには一般企業のインターンも経験しましたし、初めから「店を継ごう」と考えていたわけではなかったのです。

というより、アルバイトを始めるまでは、ちょっと距離をおいて見ていた感じです。

父が鎌倉に店を開いたのは、私が小学2年生のとき。手伝いのため、母も家を空けるようになったのがとても嫌でした。

それ以来、わが家の生活はいつも店が中心。「夏休みはどこへも行けない、休みが明けても学校で話すことがない」という小学生時代で、「かき氷屋」なんて見たことも聞いたこともなかったし、父の仕事を聞かれても「ごはん屋さん」と答えていました。子どもながらに、「ラーメンを出してる」などと答えるほうが、友だちもザワつかないとわかっていたんです。

　店が鵠沼に引っ越して数年たつと、お客さまの行列ができたり、テレビで紹介されたりするようになりました。当時は「うちって、実はお金持ちなのでは」と本気で思っていました。

　かと思えば、中学生の頃には、両親がお金のことでケンカしているところをたまたま目撃。「やっぱりお金持ちじゃないんだ」と疑うようになりました。

　高校生のときには、父が日本テレビの『嵐にしやがれ』に出演。両親は相変わらず余裕がなさそうでしたが、とはいえ嵐の番組です。まわりの反響も大きく、「あれ？　もしかしてまた人気？」と思い直しました。

　こんなふうに埜庵に翻弄され続けた子ども時代でしたが、中高生の頃は陸上部に所属して毎日が部活漬け。家族より友だちと過ごすほうが楽しい年頃ということもあり、店について深く考えることはありませんでした。

　そして大学時代。「人手が足りない」と話す両親を見ていたので、高校生の頃からときどき店の手伝いをするようにはなっていましたが、初めて氷を削ったのは、正式にアルバイトになった大学1年のときでした。なかなか思うように削れないうえ、当時の店長だった秋山さんがとても厳しく、悔しいからとがんばって削るうち、どんどん夢中になっていきました。

　ようやく父に合格点をもらえたのは、3年生の頃。しだいにお客さまにもまわりのスタッフにもほめられるようになって、気づいたら4年生。その頃にはかき氷の仕事が楽しく感じられて、埜庵に就職するのもいいなと考え始めていました。

　氷を削っていなかったら店を継がなかったかも、と思います。

　いまは、削りに関してはオー

ナーからほぼバトンを渡されていて、自分なりのこだわりも出てきました。

卵型になるよう立体感を出して削り、シロップをかけない白い氷の部分もきれいに残します。削られた氷の向きがバラバラだとシロップが均一に入らないので、ときどき表面をととのえることも大切です。器のなかではとがりすぎず、丸すぎない美しい形を保ちながら、スプーンがサクッと入って口のなかでほどけるような食感になれば理想的。これが、私が考える「いまの埜庵」のかき氷です。

ほかの仕事をしたいと思うことはなくて、もしも埜庵がダメになるようなことがあったら、そのときは《虎屋》さんの門を叩いてかき氷を削らせてもらいたいと思うほど。ほかのことはすぐ飽きてしまうのに、氷を削ることだけは飽きません。

陸上競技もそうでした。できなかったら自分のせい、うまくできたら自分の努力の成果。どちらも、ひとりで完結できるのが性に合っていると思います。

家業を継いで思うことはいろいろありますが、つくったかき氷を「おいしい」と言ってもらえることは素直にうれしいです。削った氷を自分で「これは上出来!」と思えたときや、お客さまが埜庵の氷を求めて並んでくださる様子を見たときも、もちろんうれしい。アルバイトさんの成長を感じたときのうれしさも格別です。特に削りに関してはつい多くを求めてしまいますが、仲間どうし助け合って、ときには教えていないことまでわかってくれていて感動します。

店の収支を見るようになって、手元に残るお金の少なさを知ったときは驚き、勤め人の友だちとの違いを感じて震えましたが、それでも、いずれはひとりでやっていくと思います。どんな店にしたいかはまだわかりませんが、かき氷は出したい。

削りながら、少しずつ考えていきたいと思います。

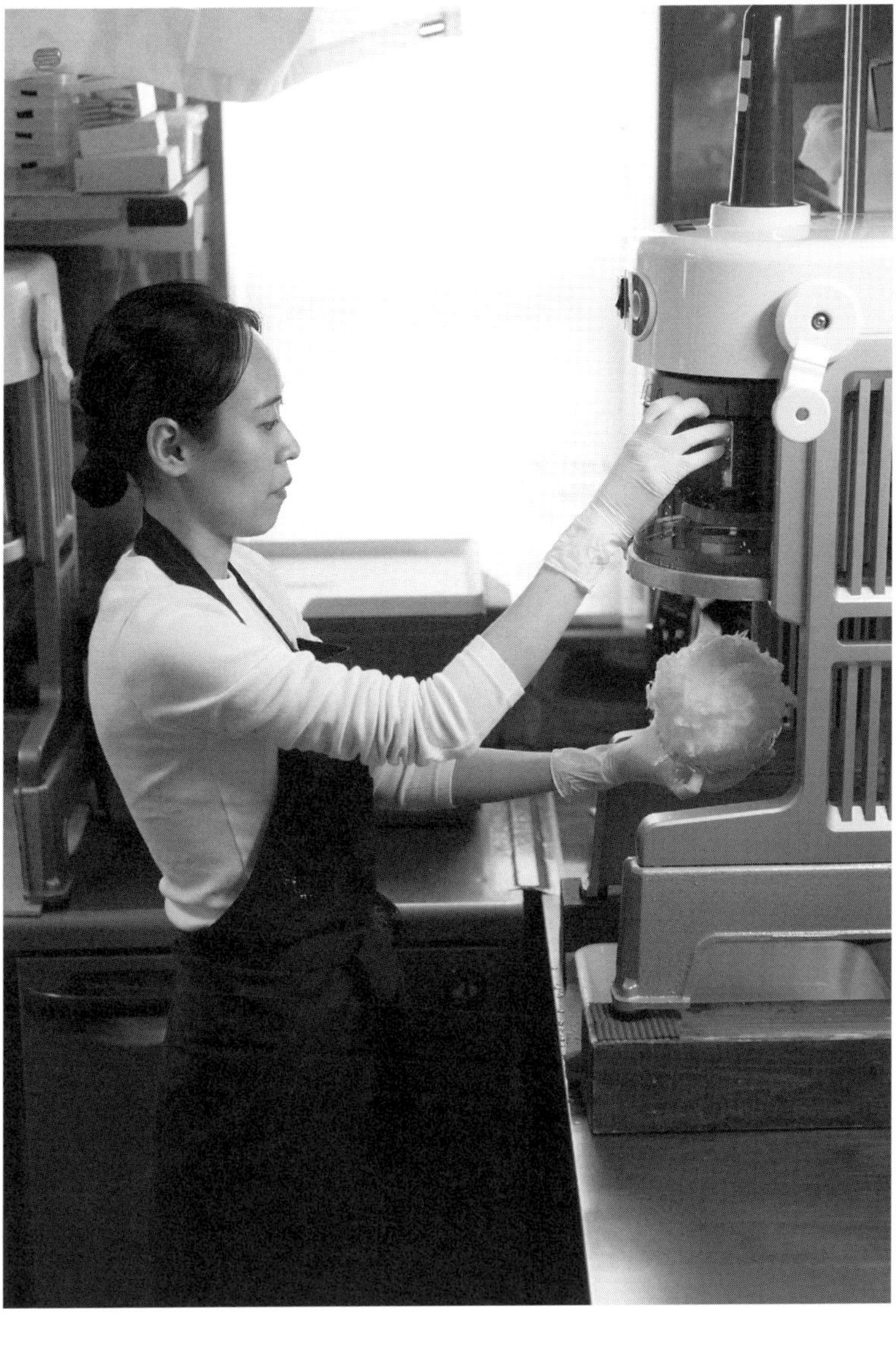

削り機は、すべて千尋さんが手入れをしている。夏は3台、冬は2台を動かし、彼女は1台目の「司令塔」で削ることが多い。

「新しい」かき氷を考える

新しいかき氷といっても、かき氷そのもののことだけではありません。かき氷の「売り方」の話です。

バタバタをくり返しながら、埜庵はなんとか20周年を迎えました。開店以来、ラクだった年は一回もない。自分でいうのもなんですが、局面ごとに考えながら、決して正解ではなくても、「より正解らしい」答えは出してきたので、いままで続けてこられたのだと思っています。

ただそのやり方は、私には間違いではなかったと思いますが、ほかの人にとってもそうだとはいえません。

「一年じゅうかき氷」の世界が、いつからか、どこか違うところに行ってしまったように感じています。

コロナがきっかけで多くの飲食店が予約システムを導入するようになりましたが、かき氷の店は、そのやり方ととても相性がよかった。「予約を受けたお客さまに、1杯2000円近いかき氷を2杯以上食べてもらう」というのが、いまの時点では最も合理的なかき氷屋の経営モデルです。

10年前ではとても考えられなかったことです。この10年で起きたことを「かき氷の進歩」と呼び、それがお客さまの望んでいたものだというなら、私のかき氷はもう完全に出る幕がありません。

でも、ほんとうにそうなのでしょうか。

東京をはじめ、大都市圏にあるようなかき氷の店は、この先、全国各地で生まれるでしょうか。

多くの人がかき氷を楽しむようになって、一年じゅうかき氷を食べる人は確かにふえました。でも、やっぱりまだまだマイノリティ。だからこそ、関心をもってくれる可能性がある人がまだまだたくさんいる。伸びしろがあるのです。

そう考えると、いまの「主流」のかき氷は、ふつうの人の感覚からは少し離れつつあるようにも思えます。

商いは、極論すれば、高く売るか、たくさん売るかしかありません。たくさん売るのをあきらめたら、あとは高く売るしか方法はない。そして、高くなればなるほど、それに見合ったかき氷をつくらないといけない。

だから、たとえばブルーハワイのような「ふつう」のかき氷を出す店は、いまのかき氷屋の経営モデルからはずれているので、この先つくるのはむずかしいでしょう。子どもが「ブルーハワイのかき氷が食べたい」と言っても、それは叶えられないのです。せっかく近所にかき氷専門店ができたとしても。

それは、私が望んでいたかき氷の世界とは、ちょっと違うように思います。

登り始めたときには、道なき道をかき分けて道をつくりながら登ってきたのに、そのあとに登山道の開発が始まった。八合目まで来てみたら、いつの間にか私を追い越して、すでに頂上までの登山道ができていたという感じです。

あるとき、目の前に舗装された道があらわれて、そこから頂上まではたいして苦労もせずに登ってしまった。なんなら、バスに乗せられて頂上まで連れてこられた。

でも頂上からの風景は、自分が思っていたものとは違っていた。


さて、これから先はどこをめざすのか。

もっと先に見える、高い山をめざして進むのか。

どちらかというと、自分が登り始めた場所に戻って、これから登る人のためのお休み処でもつくって、山登りの楽しさを伝えるほうが性に合っているかもしれません。

そこで最近は、いままでとは違うやり方でお客さまへのアプローチを試みています。

京都での新たな試み

2022年8月の初め、たった3日間ではありますが、京都のシェアカフェでかき氷の店を出しました。まったく知らない土地で、まったく宣伝もせず、事前に自分のインスタで紹介することもなく。

ポップアップの目的は、埜庵のことをまったく知らない人たちに、自分たちのかき氷がどう受けとられるのかを知ることでした。

メニューに並べたかき氷は、どれも1杯800円。ほんとうにシンプルな「いちご」「いちごみるく」「抹茶」「抹茶みるく」「柚子」の5種類です。

私は『枕草子』に書かれているような「ただ氷を削ってシロップをかけるだけ」のかき氷が、最初にして究極の最終形だと思っているので、そういうものを売って反応をみるには、やはり古の都・京都がふさわしいのではと考えました。しかも、カフェがある千本丸太町は、平安時代に「主水司」（氷などを管理する役所）があった場所です。

店と同じく、京都でも山梨県北杜市の夏いちごを使用。メニューは夏いちごみるく（上左）、抹茶みるく（下右）、柚子（下左）など５種類。

ポップアップの場所は、京都らしい町屋を改装したシェアカフェ。趣きがあり素敵だが、京都の夏の厳しさを実感した。

気温が35℃を超える、とても暑い3日間でしたが、気温に負けない熱い体験ができました。

近所に住むふつうの人たちが立ち寄り、かき氷を「おいしい」と食べてくれて、笑顔をくれる。図書館帰りに立ち寄ってくれた親子連れは、久しぶりに食べるというかき氷にとても喜んでくれました。「このまま、ここでやってよ」と言ってくれる人もいて、そんなありのままの反応がとてもうれしい。まったく知らない場所で、先入観のない人たちにも、埜庵のかき氷はちゃんと通用するんだなと思えた経験でした。

地元・二宮でイベントを行う

同じく2022年の9月には、神奈川県二宮町にある団地の商店街でもイベントを行いました。

かき氷の値段は、1杯600円。直前のデパート催事用にストックしていた材料を使うことで原材料費をかけずにすんだとはいえ、ふつうなら絶対提供できない金額です。サービスの方法を工夫し、オペレーションを見直すことで、食材へのこだわりは変えずに低価格を実現できないかを探るのが、このイベントの目的でした。

また、いつもお世話になっている地元のフリーペーパー『海の近く』とのコラボ企画で、商店街の空き店舗活用という側面もありました。1日限りの開催でしたが、たくさんの人に集まってもらえて大盛況。翌2023年の9月にも、同じ価格でメニューをふやし、今度は5日間開催することになりました。

かき氷をビジネスとして考えたときに、最大の武器は集客力。人を呼び込むことに苦心している商業施設や自治体などと手を組めば、お互いにメリットを享受できます。

湘南エリアのフリーペーパー『海の近く』が運営する、地元・二宮にあるスペースで、2023年9月にイベントを開催。近隣の人も集まった。

メニューはシンプルにする予定が、
営業日が多い分ふえる結果に。いつ
もの埜庵からすると、氷の量も価格
もぐっと控えめ。

この日を楽しみにしていた近所の家族連れが、続々と集まってくる。暑くて晴れた日に、屋外で食べるかき氷のおいしいこと！

こうして、いくつかの目的をもってとり組んだイベントでしたが、何より大きな収穫は偶然の出来事でした。それは、私が心から「おいしい」と思うかき氷に出会えたこと。自分でつくっておいてヘンな話ですが、この日のかき氷はそれはもうおいしく感じられました。実は当時、ずっとかき氷について悩み、戸惑い、これまでやってきた20年は間違いだったのかもと、モヤモヤしていました。ところが、かき氷一杯でそれがすっきりと解消した。

暑いときに食べるかき氷は、やっぱりおいしい。
これなら、誰でも笑顔にできる。

言葉にしてしまえばひどく単純ですが、そんなあたりまえのことをあらためて思い出しました。大げさですが、自分のなかのかき氷観が変わったようにさえ思え、これからすすもうとしている道に自信をもつことができたのです。20年という時間のなかで、くじけて投げ出してしまおうと思ったことも一度や二度ではありませんが、そのたびに新しい目標を与えてくれるかき氷。ほんとうに魅力的な存在です。

(上) かき氷屋になってから、「いちばんおいしい」かき氷に出会って、笑顔の店主。(下) 近隣から、遠くから、足を運んだ店の常連さんの姿も。

Bakery

イベントの効果で、商店街ににぎわいが戻る。2日だけの営業予定が、好評につき3日追加して、計5日開催した。

オフシーズンあれこれ

秋がぐっと深まると、誰もがかき氷を食べるシーズンは終わり、埜庵に静かなオフシーズンがやってきます。以前はこの時期になると、夏のいそがしさが嘘のようにお客さまが減ったもので、体は休まる半面、心が休まらない日も多くありました。ところが、ここ数年で様子が一変。秋から冬の月ごとの売り上げが激しく変動せず、ほぼ一定のラインを保てるようになりました。

理由は、ありがたいことに、定期的に足を運んでくださるお客さまがふえたこと。しかも昔は「自分たちが支えないと埜庵がなくなってしまう」と、半ば義務感から通うような人が多かったのにくらべ、いまはもっとふつう（?）に、「かき氷を食べたいから」という理由で来てくれる人も多くなりました。冬にもかかわらず、小さな子どもを連れて家族で来店してくれる人たちもふえ、そういうところは、鵠沼に来たばかりの頃を考えるとほんとうに隔世の感があります。

夏の催事ではなかなかお客さまと話ができませんが、ゆっくりとおしゃべりできるのはこの時期ならではの楽しみです。

2023年秋～2024年冬のオフシーズンはトライアル的に、ラストオーダー19時の日を設けてみた。夕暮れのなか、氷の旗が揺れる。

（上）昔なつかしナポリタンは、食事
メニューの最初に登場。（下）インド
象もうっとりカレーうどんは、白い
スープがすっきりスパイシー。

毎年秋になるとメニューに登場するのが、お食事です。秋のナポリタンに始まり、ミートソース、みそ煮込みうどん、鍋焼きうどん、カレーうどんなど、時期によって料理を変えながら、リレーのように春までつなぎます。時間によっては「ここはなんの店？」というほど、店内がごはんの香りで囲まれるときもあるほどです。楽しみにしてくれる人が多いとはいえ、主役はあくまでもかき氷なので、食事をメニューに加えるのは秋冬のみ。お客さまの数が落ち着いて、余裕がある時期限定です。

そんな食事メニューの役割が、近頃はなんだか変わってきています。「定期的に足を運んでくれるお客さまがふえた」といいましたが、最近は1回の来店で、かき氷を2杯以上食べる人が多いのです。寒い季節なのに。自分で一年じゅうかき氷を出しておいてそれを言う？という話ではありますが、そうなると、お客さまの体が心配になります。そんなにたくさん冷たいものを食べて大丈夫？　無理はしないで、と言いたくなる。

そこで食事です。かき氷を2杯食べるより、温かい料理と氷の組み合わせで食べるほうがまだ体にいいのではと思うのです。無理なくかき氷を楽しんでもらって、この先も長いおつきあいをしたいから、氷の代わりに食事をどうぞ。まさかこんなふうに食事メニューの位置づけが変わるとは、始めた頃には考えてもいませんでした。

夏は長期にわたって催事にかかりきりなので、秋が来るとまず休みます。まとまった休みをとって店を閉めるようになったのは、この10年間での大きな変化。働きすぎはダメ、という時代の変化に伴うものです。

時間がとれる分遠くまで足を延ばすようになり、各地の生産者さんのもとを訪ねるようになったのも、この休みのおかげ。以前から、作物のことはつくった人に聞くのが一番だと思っていますが、最近は直接取引をしてくれる生産者さんが多くなったことも、産地に足を運びたくなる理由です。無花果の畑を見せてもらいに行ったら同じ人が柿もつくっていた、などのように、出かけた先で意図せず何かに出会う機会が格段にふえました。

夏の催事の準備も、秋冬の大切な仕事です。日数や会場の広さをもとに計画を立て、氷やフルーツなど食材の手配を考えます。催事の規模が大きくなった分、冬に考えておくこと、準備しておくことがふえました。

かき氷の仕事をする目的は、もちろんお客さまに喜んでもらうことですが、埜庵にとっては「かき氷を食べてくれる人」も「仕事をくれる人」もお客さま。どちらにも満足してもらえる催事にするためには、時間をかけた入念な準備が必要なのです。

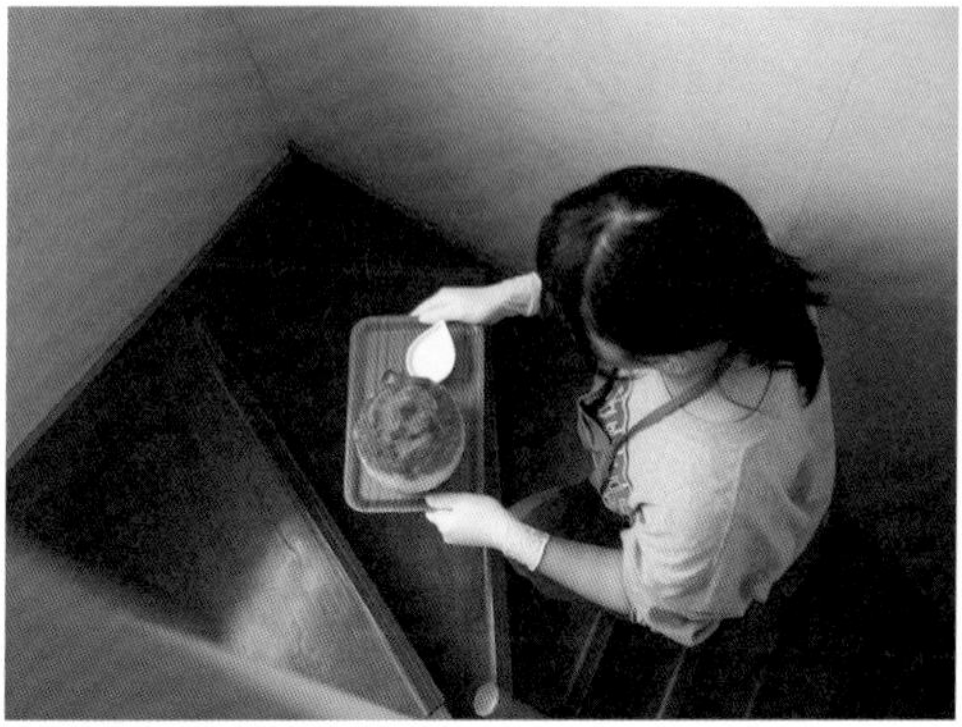

オフシーズンののんびりとした店内
には、週末を楽しむ人たちの姿が。
そのまん中にかき氷がある風景は、
埜庵ではあたりまえのもの。

お客さまのこと

オープンからいままで店を続けてこられたのは、ひと言で言ってしまうと、ほんとうにお客さまに恵まれたおかげ。それに尽きます。

前回の本のなかに、当時のお客さまに「写真を撮るから希望者は集まって！」と声をかけて撮影した記念写真のページがあります。

そこに写っている人のほとんどが、いまも通ってくださっている。ありがたいです。毎週欠かさず来てくれる人、月に1回来る人、季節ごとの人。ペースはそれぞれ違っても、定期的に顔を出してくれます。つらかった最初の10年間、店の存続を支え、そのともずっと通ってくれているだけで温かい気持ちになるのに、あれから10年分いっしょに年を重ね、その間のお互いの仕事や健康や家族のことまで知っている人もいる。

私にとってはもう、お客さまというより友人みたいなものかもしれません。

この10年の間に来てくれるようになったお客さまもたくさんいます。世の中に数多《あまた》あるかき氷屋のなかから、埜庵のかき氷を見つけ、好きになってくれて、楽しんで食べ続けてくれている人たち。そして、いまも毎年のように新しいお客さまがふえていて、初めての人、最近見るようになった人たちが店に出入りしてくれている。そのなかから、気に入って常連さんになってくれる人が少しでもいればうれしいなと思っています。

変なふうに偏らず、いろいろな人に向かって開けた店にしておきたい。そのことをあらためて強く意識したのは、コロナ禍のことです。店は開けても一度に多くの人を受け入れられないので、しかたなくメールで予約を受けるシステムにした時期がありました。すると予約の枠が、受付開始後すぐに埋まってしまう。お客さまの層がどんどんせばまっていくように思えて、少し戸惑いを感じました。

デパートの催事に出るのは、幅広い層のお客さまに出会えるチャンスと考えていることも理由のひとつで、夏の恒例行事として毎年来てくれる人もいれば、催事をきっかけに鵠沼まで足を運んでくれる人もいます。そこからまた、少しずつ、でも着実に新しいおつきあいが広がっていることを感じます。

ずっと来てくれる人も、新しく来てくれるようになった人も、等しくかけがえのない存在。これからも末永く、ふらりと立ち寄ってもらえる場であり続けたいと思います。

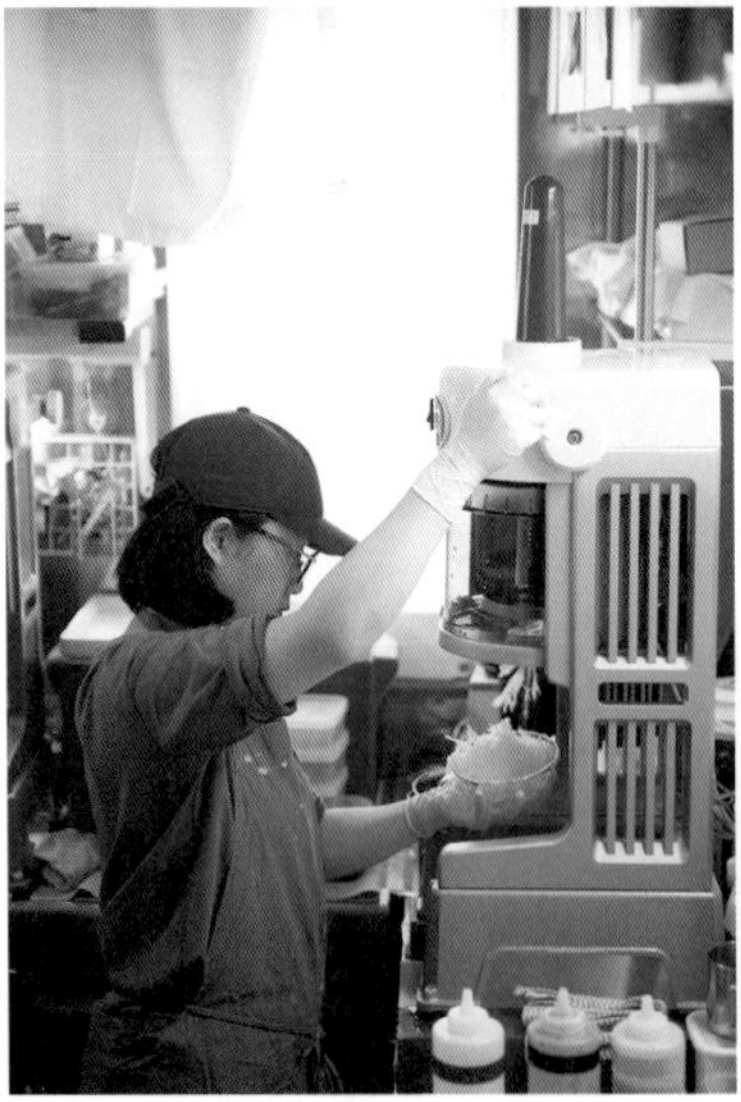

近所の公民館で桜が咲き始めると、
かき氷のオンシーズンもすぐそこ。
過ぎゆく春を惜しむように、穏やか
な空気が流れる。

レトロな雰囲気のかき氷機や、お隣さんがいつもおすそ分けしてくださる季節の花、何よりお客さまの笑顔がお店を彩る。

これから、この先

たくさんのかき氷をつくってきて、「これが一番！」と思うのはパイナップルです。「いいフルーツはそのまま食べるほうがおいしいよ」とずっと冗談まじりで言ってきて、いまもどこかでそう思っているのですが、パイナップルのかき氷は素直においしい。二宮でイベントを行ったとき、心から「おいしい」と思ったかき氷は、実はパイナップルでした。そのときの気候や体調など、いくつかの条件が重なってもたらされた偶然かもしれないけれど、理屈抜きにおいしかったのです。

そんなこともあって、最近は「埜庵らしいかき氷といえば、フルーツのストレートなかき氷」という思いを新たにしています。

自分にとって、かき氷の基本は〈いちご〉と〈抹茶〉。特にいちごは、市販のシロップをかけるのがあたりまえだった頃に、本物のいちごでシロップをつくってみたら世の中から好意的に受け入れられた、すべての始まりのようなかき氷です。

それからさまざまなフルーツのかき氷をつくり、いまでは〈チョコミント〉や〈アポロ〉、〈たまごとみるくとバニラ〉といった「スイーツ系」のかき氷もつくるようになりました。おかげさまでこれらも人気が出て、楽しみにしてくれる人が多くいます。でもその一方で、もうこのへんでいいかな、と考えているのもまた本音です。「ふつう」にいいものがかえってつくりにくくなっているいま、写真映えするルックスではなくても、変わった食材を使っていなくても、みんなが「ふつう」に喜んでくれるものをつくりたい。それはだれにでもできることではないからこそ、続けていきたいと思います。

本物のいちごでつくったかき氷のおいしさに気づいていない人が、世の中にはまだまだいると思うのです。ふらりと立ち寄った店で食べたかき氷に感動したら、その人はきっとかき氷に興味をもってほかの店でも食べるはず。

この仕事を始めたときにめざしたのが「かき氷を食べる人をふやす」ことだったと思うと、いろいろな世界をぐるりと回って、原点に戻ってきたような気がします。

先日、三十数年ぶりで、かつて勤めていた会社の同じセクションの人たちで集まる機会がありました。入社当時にお世話になった先輩がたは、会社の一線を退いたり、ほかの会社に移っていたり、勤めそのものをやめている年齢です。私は途中で会社を辞めて

２階のベランダに設けた客席など10年前と変わった場所もあるけれど、レジのまわりや２階に続く階段はいまも変わらない。

シンプルなフルーツ系とはひと味違うラインナップ。桜餡とうぐいす（上右）、かぼ茶（上左）、キャラメルスパイスバナナ（下右）、杏仁シェリーとコアントロー（下左）。

いるし、迷惑をかけなかったわけではないので、出席することにためらいもありました。

そんな気持ちのまま会場の居酒屋に出向いてみると、新人のときにいちばんお世話になった先輩から、「浩太郎、ほんとによくやってるよなあ」とおほめの言葉が。

「いまのかき氷ブームって、おまえがきっかけだろう？」

「すごいよな。先見の明があったのかなあ」

いえいえとんでもないです、と返しながらも、心のなかはまんざらでもありません。

会社を辞めたときは、「あいつ、おかしくなっちゃったんじゃないか」というのが多くの人の見方でした。それなのに、退社後の私の様子を遠巻きにしながら、かき氷ブームを身近に感じてくれていたのでしょう。着くまで重かった気持ちが一気に軽くなり、気にかけてくれていたこと、思いがけずほめてもらえたことをとてもうれしく思いました。

大学時代の友だちもそうです。このところ会うと、みんながなんとなくほめてくれる。それくらい、一般の人にもかき氷ブームが広く浸透してきたのだと感じます。

元同僚も友だちも私のことをよく言ってはくれますが、だからといって、冬に自分からすすんでかき氷は食べません。彼らだけでなく、いまでもほとんどの人はそうです。それでも、冬にかき氷を食べるとただの「変わり者」扱いをされていた頃にくらべれば、多くの人が「こんな寒い時期でも食べるほど、かき氷を好きな人がいる」と認知してくれるようにはなった。それだけでも、私からしたらものすごい変化です。

先ほど、仕事の原点に戻ってきたような気がする、と言いました。

この仕事を始めた頃とくらべて、かき氷に対する世の中の認識は確実に変わっている。それでもなお、季節に関係なくかき氷を食べる人はそう多くない。だからこそ、この仕事にはまだ可能性があると信じられるのです。

将来的に埜庵をこうしたい、などという目標はありませんし、いつかは長女に店を託すときが来るのか、彼女は彼女でやっていくことになるのか、それもいまはわかりません。ただ、この先の自分なりの役割はあると思っていて、それは、一人でも多くの人にかき氷を届けること。

その役割を果たすためにも、できるだけ長く、体が動く限りはこの仕事にかかわっていきたいと思います。

冷凍庫から出した氷を移して保管するための発泡スチロール製の箱。このなかにひと晩おくことで、削りやすいかたさにする。

初夏の梅仕事。梅はもう10年以上、江戸時代から続く小田原の農家で分けてもらっている。年によって40kg仕込むこともある。

石附浩太郎　いしづきこうたろう

1965年、東京生まれ。大学で商品学を学んだあと、音響機器メーカーを経て、2003年、一年じゅうかき氷を提供する店「埜庵」を鎌倉にオープン。2005年、神奈川・鵠沼海岸へ移転。独創的なシロップを使ったかき氷を求めて全国からリピーターが訪れ、かき氷ブームのパイオニアとしてかき氷業界を牽引している。

https://kohori-noan.com/
https://www.instagram.com/kohori_noan/

デザイン／米持洋介（case）
撮影／千葉 充
　　　葵製茶（p.31）、石川奈都子（p.38、131 ～ 132）
編集／本城さつき
編集担当／東明高史（主婦の友社）

一年《いちねん》じゅうかき氷《ごおり》の店《みせ》 埜庵《のあん》の20年《ねん》
絶品《ぜっぴん》シロップレシピつき

2024年7月20日　第1刷発行
2024年8月20日　第2刷発行

著　者　石附浩太郎《いしづきこうたろう》
発行者　大宮敏靖
発行所　株式会社主婦の友社
〒141-0021　東京都品川区上大崎3-1-1 目黒セントラルスクエア
電話 03-5280-7537（内容・不良品等のお問い合わせ）
049-259-1236（販売）
印刷所　大日本印刷株式会社

ISBN978-4-07-460090-8

しょうがをピリリときかせた紅茶が爽やか。
黒糖を使うことで、コクのある味わいになります。

紅茶シロップ

材料（約600mℓ分）

紅茶のティーバッグ	2個
しょうが	100g
黒糖	100g
グラニュー糖	100g

作り方

1 しょうがは皮をむかずに薄切りにする。

2 鍋に水500mℓとすべての材料を入れて中火にかけ、10分煮出す(**a**)。

3 ティーバッグをとり出してシロップを保存容器に入れ、あら熱がとれたら冷蔵室にひと晩おく。

4 しょうがをとり出す。適量をせん切りにして（**b**）トッピングに使う。

紅茶にしょうがの風味を移す。

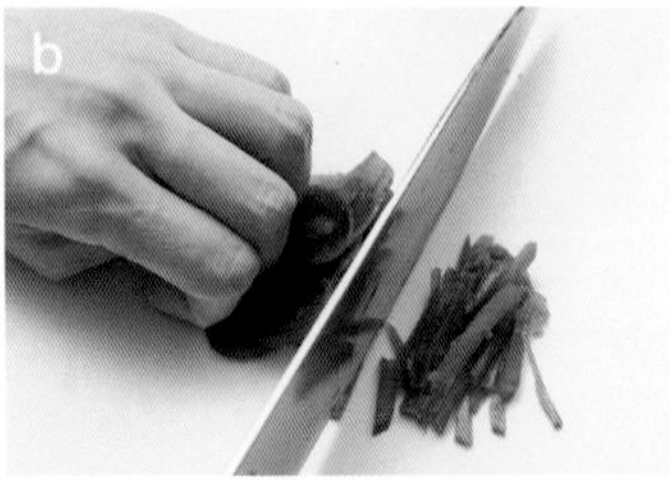

甘く味がついたしょうがは、トッピングにぴったり。

黒糖しょうが紅茶

ふるふるとやわらかいコーヒーゼリーをのせた、
食感も楽しいかき氷。土台は練乳氷(p.185)です。

コーヒーゼリー

材料（つくりやすい分量）

コーヒー（無糖）	500mℓ
粉寒天	2g
粉ゼラチン	2g
グラニュー糖	100g

ふきこぼれないように気をつけて。

ゆるめにつくることで、氷とのなじみがよくなる。

作り方

1 鍋にすべての材料を入れて中火にかけ、ときどき混ぜながら粉寒天、粉ゼラチン、グラニュー糖をとかす。

2 沸騰したら、火を止める（**a**）。

3 保存容器に流し入れ、あら熱がとれたら冷蔵室に入れて冷やしかためる。氷にのせる分を適量くずす（**b**）。

＊練乳氷(p.185)をつくり、3をのせる。さらに練乳を添えて、かけながら食べるのがおすすめ。

練乳氷
を
アレンジ

コーヒーゼリー

酒粕を使った、風味豊かなシロップ。
コクのある味わいがクセになります。

白酒シロップ

材料（約500mℓ分）

酒粕	80g
糖蜜（p.190）	200mℓ
練乳（p.184）	200mℓ

※わずかですがアルコール分を含みます。

作り方

1 酒粕に糖蜜を加え、ハンディブレンダーなどでなめらかになるまで混ぜる（a）。

2 練乳を少しずつ加えながら（b）、ハンディブレンダーなどでさらに混ぜる。

3 ざらざらとした感じがなくなり、全体がなめらか（乳化した状態）になるまでよく混ぜる。

4 保存容器に入れ、冷蔵室に入れる。

糖蜜は一度に加えて混ぜる。

練乳は少しずつ加えて混ぜて、をくり返す。

白酒

ほんのり桜もちのような香りが印象的な、和のかき氷。
お店では氷のなかにあんこを入れています。

さくらシロップ

材料（約750mℓ分）

桜の葉の塩漬け	50枚
グラニュー糖	270g

水に葉を漬けて、桜の香りを移す。

沸騰するとえぐみが出るので、沸騰させないように注意。

作り方

1 桜の葉は水でさっと洗い、たっぷりの水に漬けて2時間おく（a）。

2 鍋に1、水600mℓを入れて中火にかけ、沸騰直前で火を止める。

3 あら熱がとれたら、ふたをしてひと晩おく。

4 鍋を中火にかけ、沸騰する直前に桜の葉をとり出す（b）。グラニュー糖を加えて混ぜとかす。

5 保存容器に入れ、あら熱がとれたら冷蔵室に入れる。

＊白玉をつくってトッピングにしても。

さくら

りんごは凍らせることで、エスプーマのようなシロップになります。
ポリ袋に入れて角を切り、削った氷の上に絞り出して。

りんごシロップ

材料（つくりやすい分量）

りんご	200g
りんごジュース	300mℓ
粉寒天	4g
粉ゼラチン	5g
グラニュー糖	60g

りんごは切ってから凍らせる。

とろりとするまで混ぜる。

作り方

1 りんごはよく洗って皮と芯を除き、ひと口大に切る。塩水にくぐらせ、ざるに上げて水けをきる。バットなどに並べて冷凍室に入れ、凍らせる（**a**）。

2 鍋にジュース、粉寒天、粉ゼラチン、グラニュー糖を入れて中火にかけ、混ぜとかす。沸騰する直前に火を止める。

3 熱いうちに1を加え、ハンディブレンダーなどで混ぜる（**b**）。仕上がりがゆるめなときは、冷蔵室で5分ほど冷やすとムース状になる。

＊薄切りにしたりんごと、生のミントがあれば、トッピングに。

りんご

寒天でゆるくかためたシロップに、ゆずの香りを閉じ込めます。
香りの成分を含む皮ごと使うのがポイント。

ゆずシロップ

材料（約700mℓ分）

ゆず	200g
粉寒天	6g
グラニュー糖	270g

ざっくりとした大きさに切ればOK。

かたまった状態。これを混ぜると、
とろりとしたシロップに。

作り方

1 ゆずはよく洗い、皮ごと適当な大きさに切る。種はできるだけ除く（a）。皮はトッピング用に適量むいてとり分け、細切りにする。

2 鍋に1、粉寒天、グラニュー糖、水500mℓを入れて中火にかける。寒天とグラニュー糖がとけたら、火を止める。

3 保存容器に入れてあら熱がとれたら、冷蔵室に入れ、冷やしかためる（b）。

4 ハンディブレンダーなどでよく混ぜ、ゆずの皮を砕く。

＊トッピングはゆずの皮と、あれば葉をのせて。

ゆず

ヨーグルト風味の練乳に、マンゴーシロップを重ねがけ。
シロップに混ぜたドライマンゴーがアクセント。

ヨーグルト練乳、マンゴー入りマンゴーシロップ

材料（つくりやすい分量）

プレーンヨーグルト	400g
ドライマンゴー	100g
練乳（p.184）	250mℓ
レモン果汁	30mℓ
マンゴーシロップ（p.176）	50mℓ

作り方

1 ドライマンゴーはヨーグルトに入れ、冷蔵室にひと晩おく（**a**）。

2 マンゴーをとり出してあらく刻み、マンゴーシロップに加えて混ぜる。

3 練乳にヨーグルト、レモン果汁を加えて混ぜ、ヨーグルト練乳をつくる（**b**）。

＊氷を削って3をかけ、さらに2をかける。

ドライマンゴーをヨーグルトに入れると、マンゴーは水分を含んでふっくらとし、ヨーグルトにはマンゴーの香りがほんのり移る。

練乳にヨーグルトを加えると、あっさりとした味わいに。

練乳氷と
マンゴーを
アレンジ

ヨーグルト
マンゴー

冷凍マンゴーとジュースでつくる、とろりと濃厚なシロップ。
マンゴーをトッピングして、見た目も華やかに。

マンゴーシロップ

材料（約750mℓ分）

マンゴージュース	500mℓ
冷凍マンゴー	150g
グラニュー糖	280g

作り方

1 鍋にマンゴージュース、グラニュー糖を入れて中火にかける(a)。グラニュー糖がとけたら、火を止める。

2 保存容器に冷凍マンゴーを入れ、1を加える（b)。

3 あら熱がとれたら、冷蔵室に入れて冷やす。

4 トッピング用のマンゴーを適量とり出す。ハンディブレンダーなどでよく混ぜる。

混ぜながら温め、グラニュー糖をとかす。

凍ったままのマンゴーにかける。

マンゴー

ベリーベリー

ほどよい酸味で、さっぱり爽やか。

材料と作り方
（つくりやすい分量）

いちごシロップ（p.180）100mℓに、冷凍ブルーベリー50gを加える。ハンディブレンダーなどでよく混ぜる。

いちご
を
アレンジ

いちご みるく

練乳と合わせて「いちごみるく」、ブルーベリーと合わせて「ベリーベリー」。どちらもお店でも人気のメニューです。

どこか懐かしくてやさしい味。

材料と作り方
(つくりやすい分量)

いちごシロップ（p.180）100mℓ、練乳（p.184）60mℓをハンディブレンダーなどでよく混ぜる。いちごシロップと重ねがけしてもおいしい。

老若男女に愛されるかき氷。ひと口食べるごとに、
いちごの甘ずっぱい香りがふわりと広がります。

基本のシロップ ③ いちごシロップ

フレッシュな味わいの秘密は、生のいちご。冷凍いちごとジャムも加えて、厚みのある風味に仕上げます。生が手に入りにくい季節は、冷凍いちごだけでもOK。その場合は、冷凍いちごを倍量にふやしましょう。冷蔵で2〜3日保存可能。分離したら、ハンディブレンダーなどで混ぜて。

材料（約500mℓ分）

生のいちご（へたを除く）	200g
冷凍いちご	200g
いちごジャム	200g
糖蜜（p.190）	50mℓ

作り方

1 ボウルに冷凍いちごと糖蜜を入れ、電子レンジ（600W）で2分ほど加熱する。赤いドリップ液が出るまでが目安。

2 生のいちごとジャムを加えて、ハンディブレンダーなどで完全に混ぜる。

電子レンジが500Wの場合は、加熱時間を1.2倍してください。

いちご

5

清潔な保存容器に入れ、冷蔵室で冷やす。

食べるときに

生クリームを加えて、しっかり混ぜる。かき氷1杯分の練乳は、5を100mℓ＋生クリーム50mℓ。

市販品を使って簡単に

手軽につくるなら、市販の練乳を活用しても。保存の目安は冷蔵で1週間です。

材料（約150mℓ分）

練乳（市販品）	120g
牛乳	25mℓ
生クリーム	25mℓ

清潔な保存容器に、牛乳、生クリーム、練乳を入れる。

全体がよくなじむまで混ぜ、冷蔵室で冷やす。

作り方

1

ボウルにスキムミルクとグラニュー糖を入れる。

2

45～60度の湯100mℓを加え、混ぜとかす。完全にとけきらなくてもOK。

3

水あめを加えて混ぜる。

4

牛乳を加えて混ぜる。ダマになっているときは、ハンディブレンダーなどで完全に混ぜとかす。

練乳のおいしさを楽しむ、まろやか味のかき氷。氷を削って練乳をかけてを3〜4回くり返し、氷と練乳の層をつくりましょう。

基本のシロップ ② 練乳

埜庵では、練乳もかき氷に合うよう手づくりしています。ほどよいコクはありつつ、さらりと軽い質感で氷によくなじむところがポイント。家でつくるときは、生クリーム以外の材料をよく混ぜて冷やしておき、食べるときに生クリームを加える作り方がおすすめ。フレッシュ感がぐんと増します。冷蔵で約1週間保存可能。

材料（約500mℓ分）

スキムミルク	100g
グラニュー糖	200g
水あめ	250g
牛乳	150mℓ

※食べるときに生クリームを加えます（p.182）。

練乳氷をアレンジ

いちごシロップと合わせて「いちごみるく」(p.179)、ヨーグルトと合わせて「ヨーグルトマンゴー」（p.175）、上にゼリーをのせて「コーヒーゼリー」（p.165）など、幅広いアレンジが楽しめます。

練乳氷

ウイスキーみぞれ

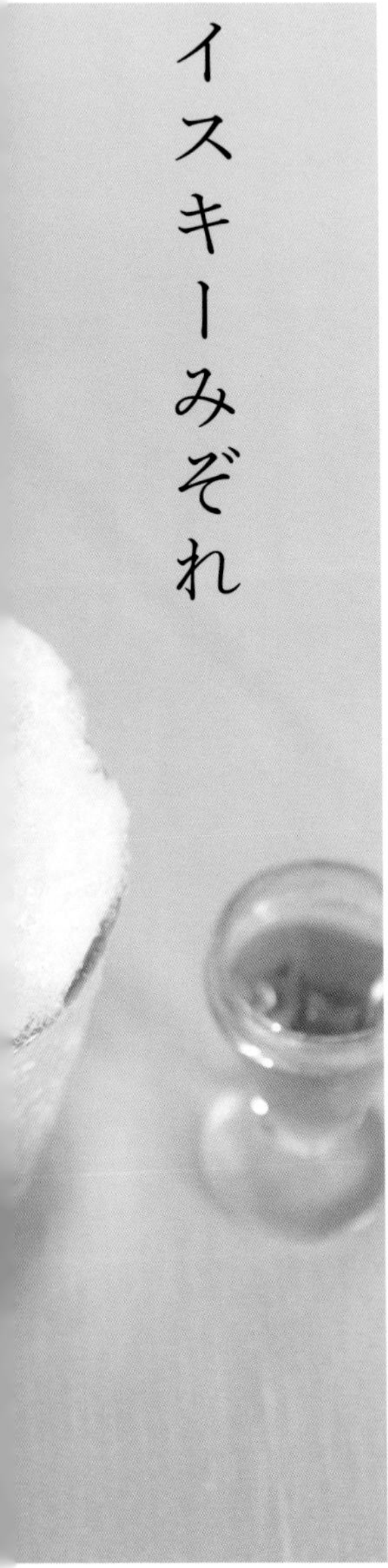

豊かな香りが広がる大人のかき氷。食後のデザートに。

ワインみぞれ

大人向けのデザート。赤ワインをかけましたが、もちろん白ワインでも。

ジュースみぞれ

みぞれ氷
を
アレンジ

みぞれ氷にジュースやお酒をかけると、また違うおいしさになります。お気に入りのジュースやお酒を、好みの分量かけて召しあがれ。

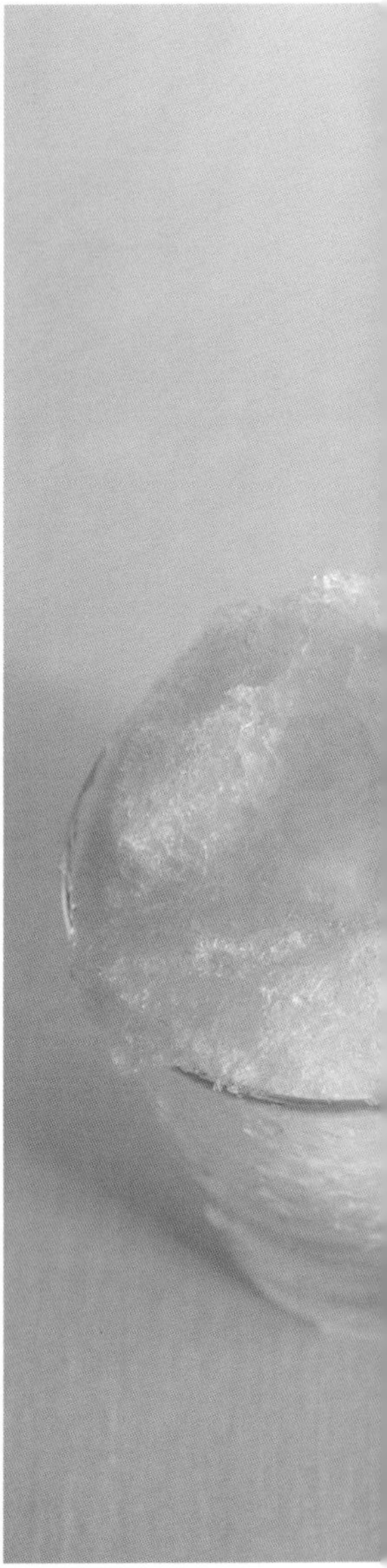

ここではりんごジュースを使用。グレープフルーツなど柑橘系もおすすめ。

シロップの保存について

シロップは清潔な容器に入れて冷蔵保存が可能ですが、
甘さが控えめな分、長期保存には向かないので、
早めに使いきることをおすすめします。

保存期間の目安

冷蔵で、糖蜜は2週間、手作り練乳は1週間、そのほかのシロップ（りんご以外）は2～3日が保存の目安。ただし、保存状態や気温など、周囲の環境によって変わることがあります。

ふたつきで密閉できる容器に

保存に向くのは、ふたつきで密閉できるガラスびん（**a**）。煮沸消毒をしてからシロップを入れます。

容器は煮沸消毒しておく

1 食器用洗剤でびんとふたをきれいに洗う。
2 鍋にたっぷりの水と**1**を入れて火にかける。割れ防止のため、びんは必ず水から入れること。
3 沸騰したら、そのまま10～15分煮沸する（**b**）。
4 熱いうちにトングなどでとり出し、清潔なふきんの上で乾燥させる（**c**）。

a

ジャムなどの空きびんでもOK。

b

ふきこぼれないように注意。

c

熱いうちにとり出し、口を下にして置く。

作り方

1

鍋に水800mlを入れて火にかけ、沸騰したら材料の砂糖をすべて入れる。

2

強火で混ぜながらとかし、沸騰したらふきこぼれないようにすぐ火を止める。

3

とけ残っている砂糖があれば、混ぜてとかす。にごりのないクリアな状態になったらOK。

4

あら熱をとり、清潔な保存容器に入れる。冷蔵室で冷やす。

糖蜜をかけただけのシンプルな、でも奥深い味わい。削りながらときどき糖蜜をかけることで、最後までおいしく楽しめます。

基本のシロップ ① 糖蜜

埜庵のかき氷の味を支えるシロップ。砂糖は4種類を混ぜることで、甘みに奥行きを出しています。お店では季節によって砂糖の配合を変え、夏はグラニュー糖を多くしてすっきりと、冬は黒糖を多めにしてコク深く仕上げます。冷蔵で約2週間保存可能。

材料（約1000mℓ分）

グラニュー糖	350g
てんさい糖	20g
中ざら糖	30g
黒糖	少々

グラニュー糖

さらさらとした質感の砂糖。クセのない淡泊な甘さでお菓子によく使われる。

てんさい糖

テンサイ（サトウダイコン）を原料とする砂糖。まろやかな甘さがある。

中ざら糖

ざらめとも呼ばれる。独特のまろやかさがあり、煮物などに用いられることが多い。

黒糖

サトウキビの搾り汁を煮詰めたもの。濃厚な甘みと強い風味がある。

みぞれ氷

《埜庵》の絶品
シロップレシピ

埜庵のエッセンスが感じられる、
シロップのレシピを紹介します。
セルフメイドのおいしいかき氷を、
ぜひ味わってみてください。